오버핏과 슬림핏의 여성복 만들기 24

하마다 아스카 저

다양한 사이즈로 만드는 여성복

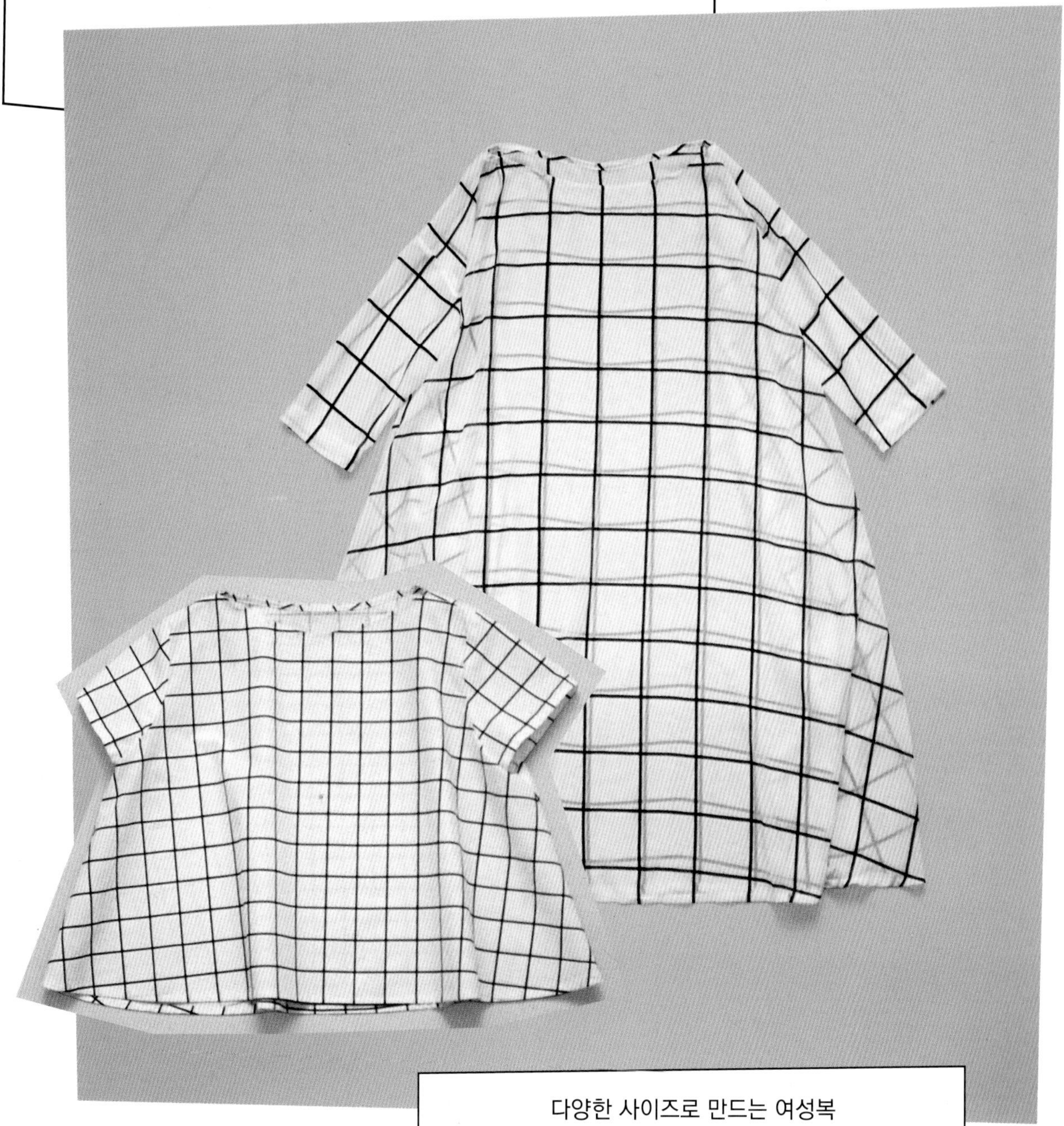

HANDIS

보통 사람들은 자신의 신체 사이즈에 맞게 옷을 착용합니다. 이렇듯 내 몸에 맞는 사이즈로 옷을 만드는 것은 가장 기본적인 생각이지만, 형식을 깨고 자신의 사이즈와 상관없이 옷을 만들어 입었을 때 발생하는 재미있는 실루엣에 영감을 받아 이 책을 쓰게 되었습니다. 체구가 작은 사람이 큰 사이즈의 옷을 입었을 때 소매나 밑단을 걷어 올려 나오는 디테일과 몸에 딱 붙지않고 자연스럽게 생기는 드레이프 등 예상 외의 매력적인 실루엣이 나오게 됩니다.

오버핏과 슬림핏의 여성복 만들기 24

반대로, 체구가 큰 사람이 작은 옷을 입었을 때 손목이나 신발이 보여 멋스럽고, 안에
입은 옷이 자연스럽게 드러나 레이어드하여 입는 즐거움까지 더해집니다. 이 책에서는
원하는 핏을 골라서 만들 수 있도록 오버핏과 슬림핏의 아이템을 수록하고 있습니다.
사이즈별로 만들어 다양한 연출을 즐겨보세요.

a
V넥 풀오버 小
사진→p.7
만드는 방법→p.36

A
V넥 풀오버 大
사진→p.6 만드는 방법→p.36

b
반소매 티셔츠 小
사진→p.9
만드는 방법→p.44

d
재킷 小
사진→p.12
만드는 방법→p.53

D
재킷 大
사진→p.13
만드는 방법→p.53

e
래글런 맨투맨 小
사진→p.14
만드는 방법→p.46

g
후드 티셔츠 小
사진→p.18
만드는 방법→p.56

G
후드 판쵸 大
사진→p.19
만드는 방법→p.56

h
플레어 블라우스 小
사진→p.20
만드는 방법→p.41

j
슬리브리스 원피스 小
사진→p.27
만드는 방법→p.63

J
슬리브리스 원피스 大
사진→p.26
만드는 방법→p.63

k
턱 슬림 팬츠 小
사진→p.29
만드는 방법→p.68

B

반소매 티셔츠 大
사진→p.8
만드는 방법→p.44

밴딩 배기 팬츠 小
사진→p.11
만드는 방법→p.74

c

C

밴딩 와이드 팬츠 大
사진→p.10
만드는 방법→p.74

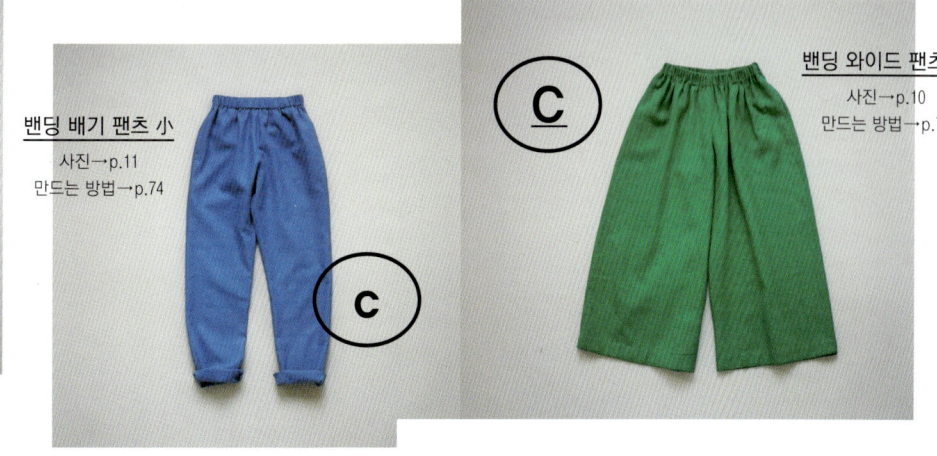

E

래글런 맨투맨 大
사진→p.15
만드는 방법→p.46

f

**웨이스트
개더 원피스 小**
사진→p.16
만드는 방법→p.76

**웨이스트
개더 원피스 大**
사진→p.17
만드는 방법→p.76

F

H

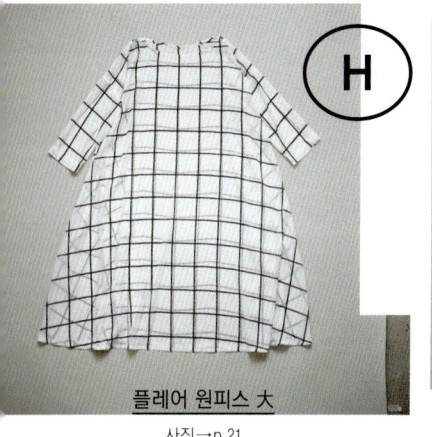

플레어 원피스 大
사진→p.21
만드는 방법→p.41

i

칼라 셔츠 小
사진→p.23, 25
만드는 방법→p.48

I

칼라 셔츠 大
사진→p.22
만드는 방법→p.48

K

턱 와이드 팬츠 大
사진→p.28   만드는 방법→p.68

크루넥 블루종 小
사진→p.31, 32
만드는 방법→p.60

L

**크루넥
블루종 大**
사진→p.30
만드는 방법→p.60

L

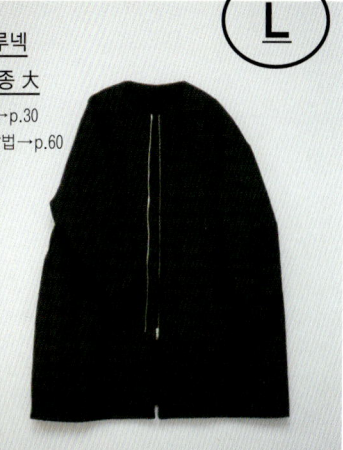

A

V넥 풀오버 大
만드는 방법→p.36

원피스로도 활용할 수 있는 V넥 풀오버.

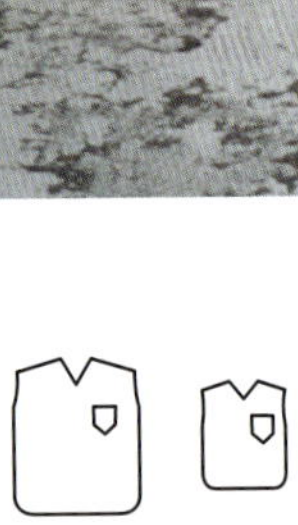

6

직사각형 실루엣의 V넥 풀오버.

a

V넥 풀오버 小
만드는 방법→p.36

B

반소매 티셔츠 大
만드는 방법→p.44

오버 사이즈의 반소매 티셔츠.

베이직한 스타일의 반소매 티셔츠.

b

반소매 티셔츠 小
만드는 방법→p.44

C

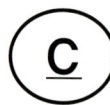

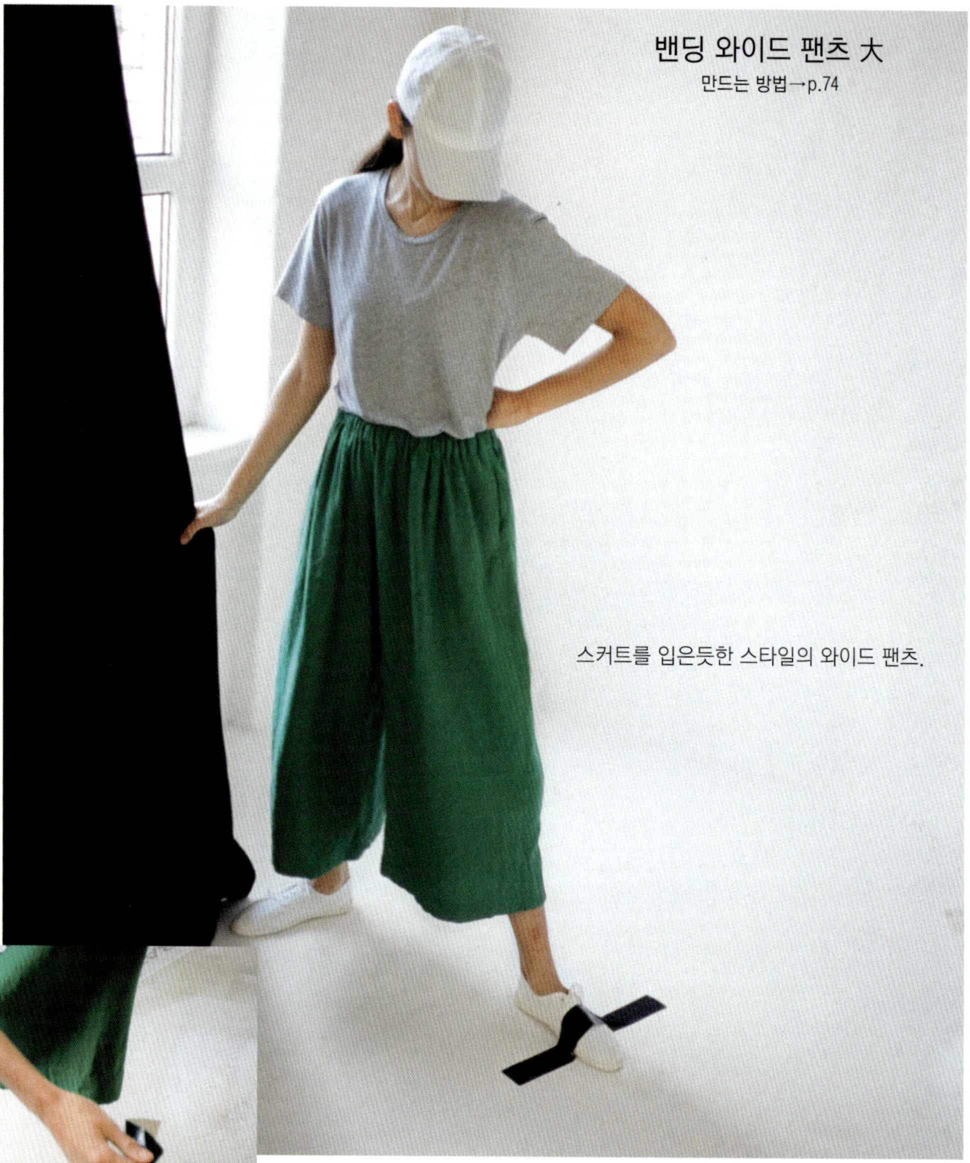

밴딩 와이드 팬츠 大

만드는 방법→p.74

스커트를 입은듯한 스타일의 와이드 팬츠.

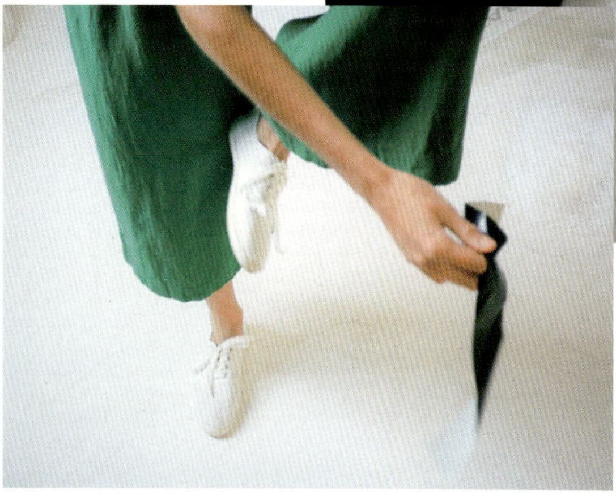

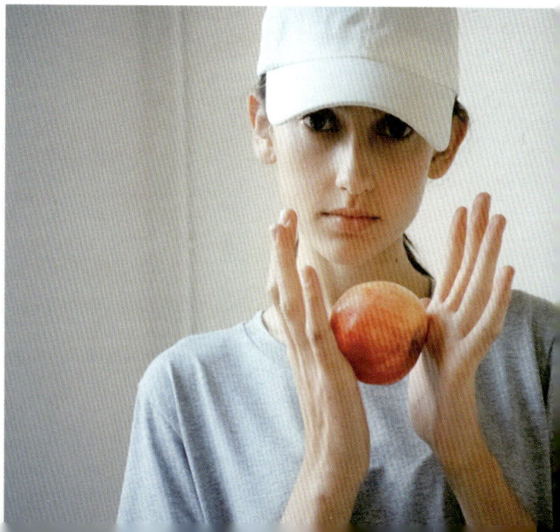

c

밴딩 배기 팬츠 小

만드는 방법→p.74

세련된 실루엣의 밴딩 배기 팬츠.

d

재킷 小　만드는 방법→p.53

7부 소매의 캐주얼한 재킷.

D

재킷 大   만드는 방법→p.53

매니시 스타일의 롱 재킷.

짧은 기장의 미니멀한 맨투맨.

e 래글런 맨투맨 小
만드는 방법→p.46

E

래글런 맨투맨 大
만드는 방법→p.46

루즈핏 스타일의 맨투맨.

f 웨이스트 개더 원피스 小
만드는 방법→p.76

허리라인이 돋보이는 여성스러운 원피스.

16

여유있는 실루엣의 로우 웨이스트 원피스.

F

웨이스트 개더 원피스 大
만드는 방법→p.76

g 후드 티셔츠 小　만드는 방법→p.56

스포티한 슬림핏 스타일의 후드 티셔츠.

G

후드 판쵸 大
만드는 방법→p.56

스포티한 박스 실루엣의 후드 판쵸.

h

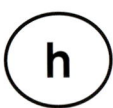

플레어 블라우스 小

만드는 방법→p.41

짧은 소매와 A라인이 포인트인 플레어 블라우스.

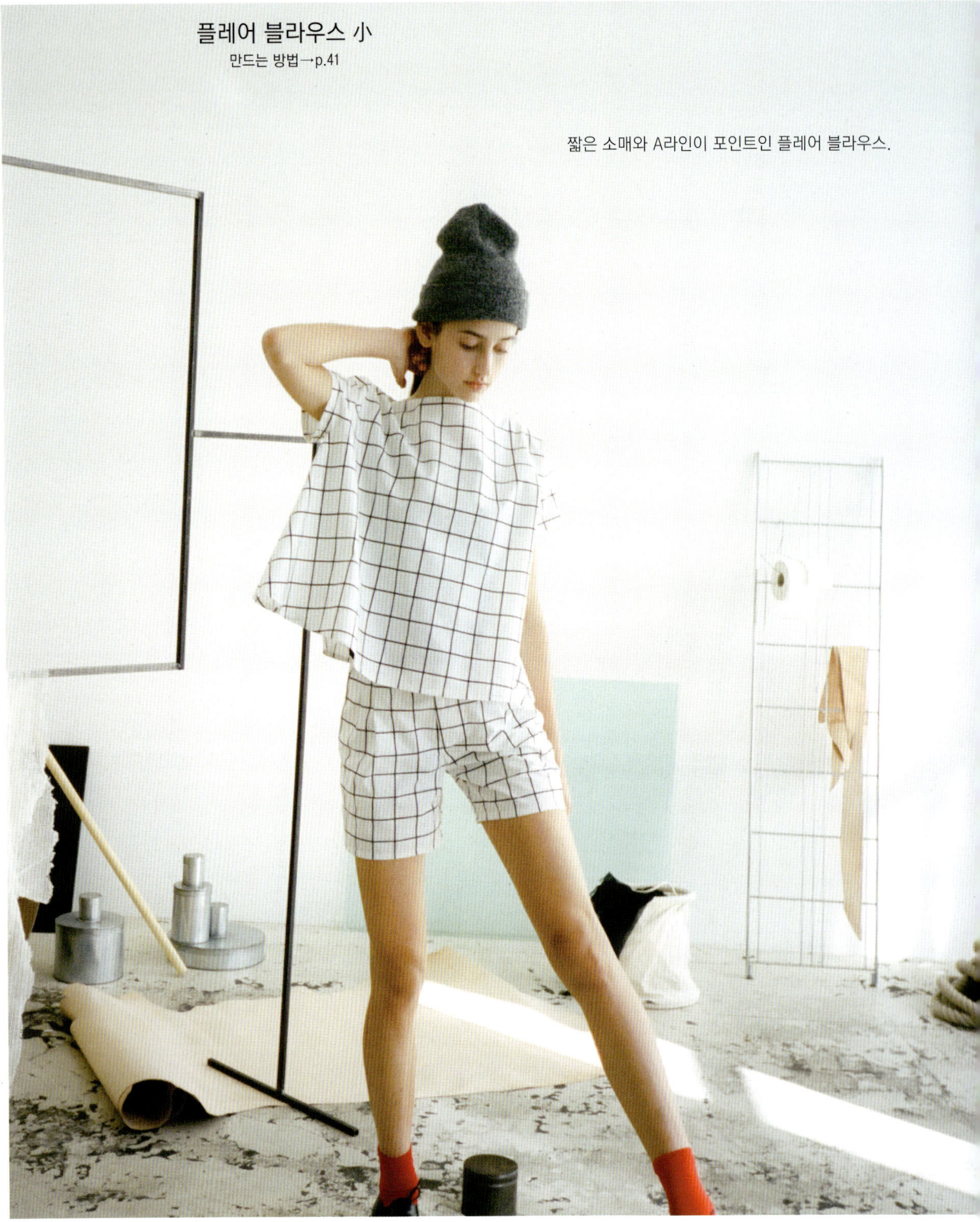

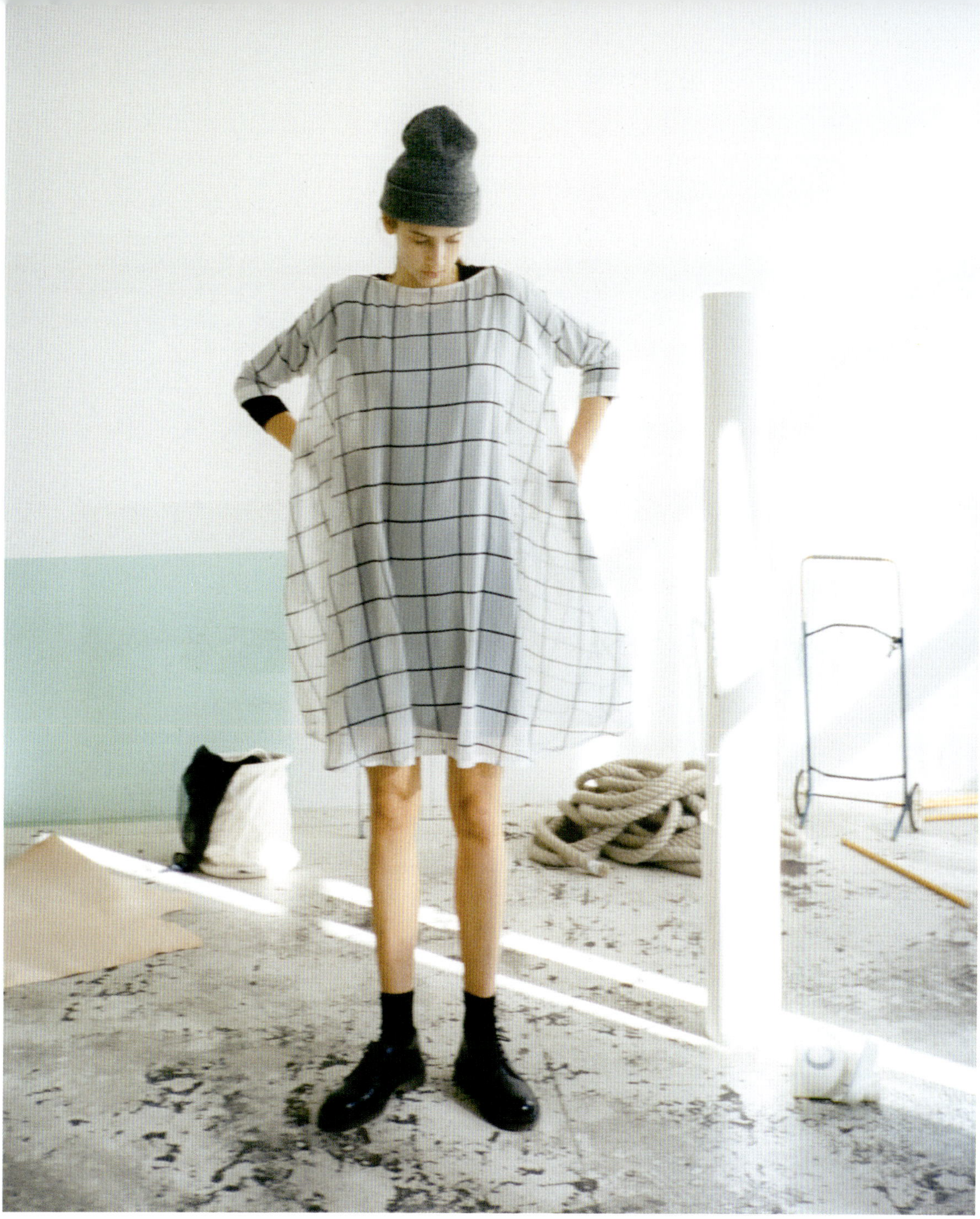

A라인 블라우스의 길이를 늘려 원피스로 연출.

H

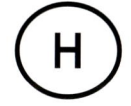

플레어 블라우스 大

만드는 방법→p.41

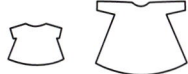

원피스로 입을 수 있는 루즈핏의 칼라 셔츠.

(I) 칼라 셔츠 大　만드는 방법→p.48

ⓘ

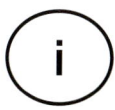

칼라 셔츠 小 만드는 방법→p.48

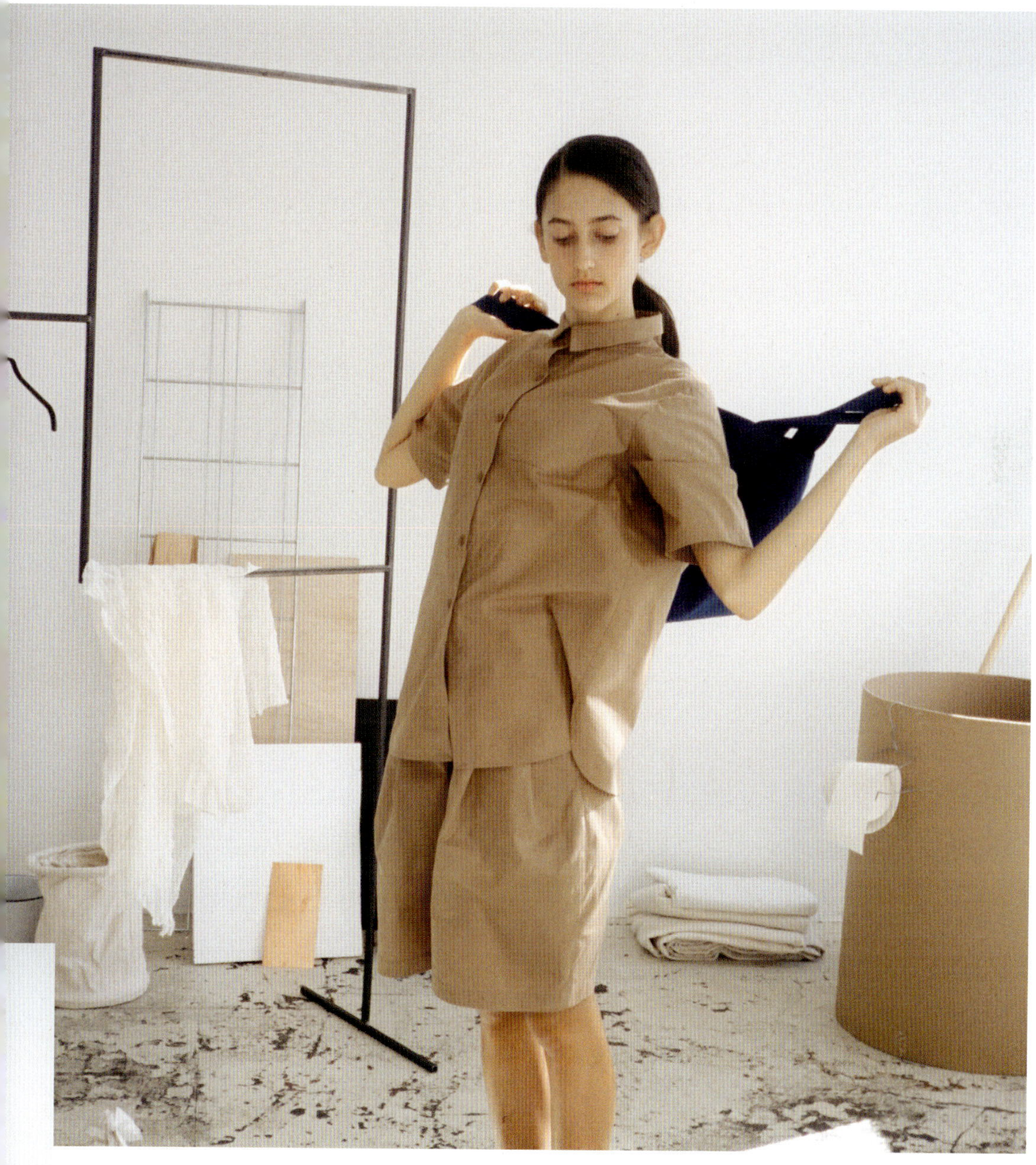

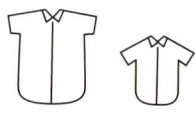

숏 칼라로 포인트를 준 심플한 칼라 셔츠.

칼라 셔츠 小 만드는 방법→p.48

J 슬리브리스 원피스 大
만드는 방법→p.63

볼륨감을 살린 롱 슬리브리스 원피스.

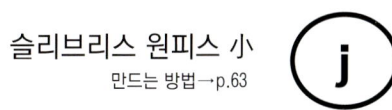

슬리브리스 원피스 小
만드는 방법→p.63

j

촘촘한 턱이 들어가 소녀스러운 느낌의 하이웨이스트 원피스.

K

턱 와이드 팬츠 大
만드는 방법→p.68

크게 접은 턱이 매력적인 와이드 팬츠.

k

턱 슬림 팬츠 小

만드는 방법→p.68

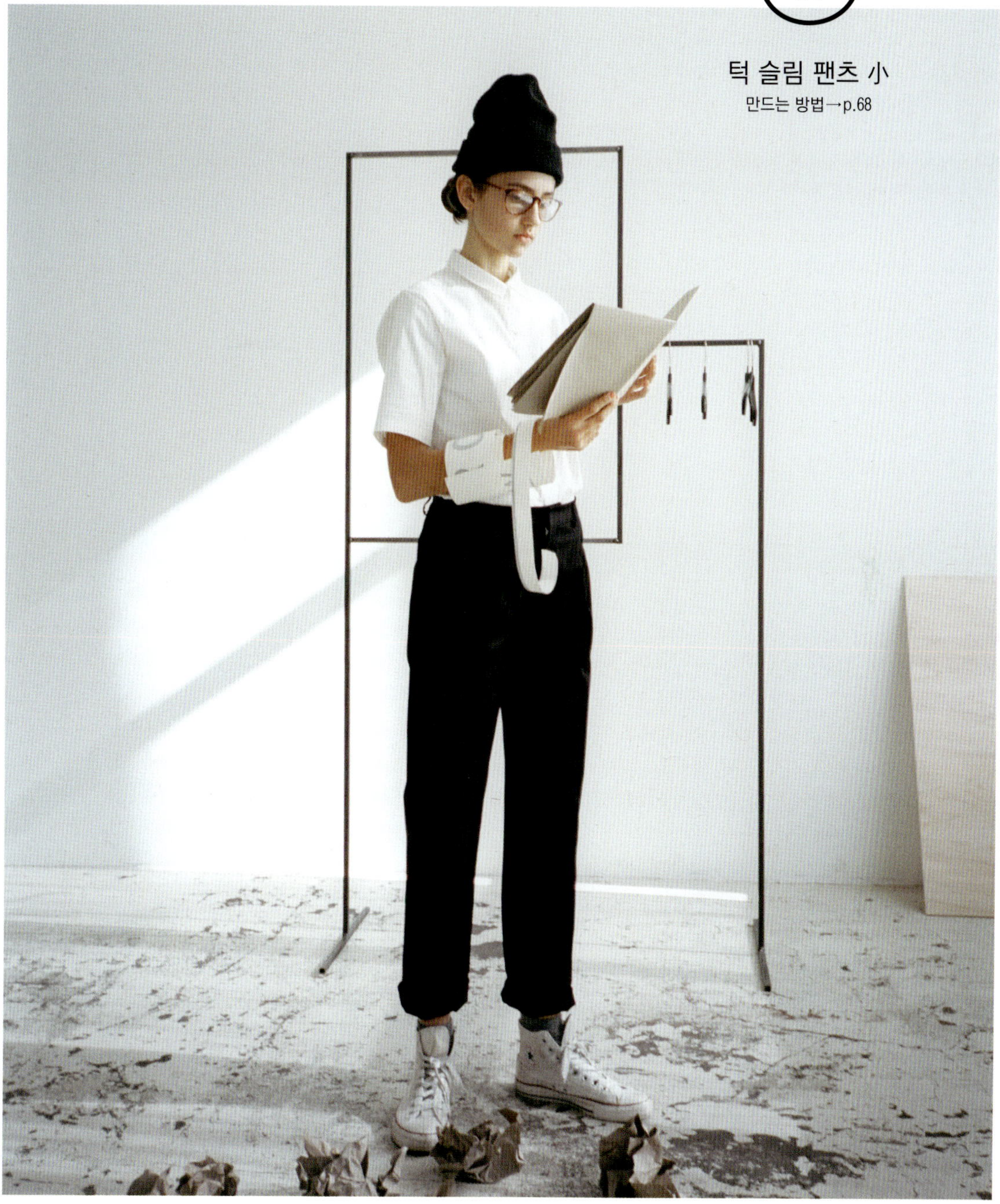

깔끔하고 단정한 스타일의 턱 팬츠.

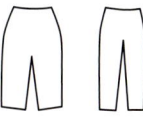

L

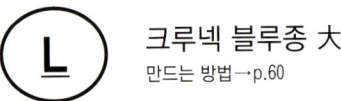

크루넥 블루종 大

만드는 방법→p.60

보이시한 스타일의 오버핏 블루종.

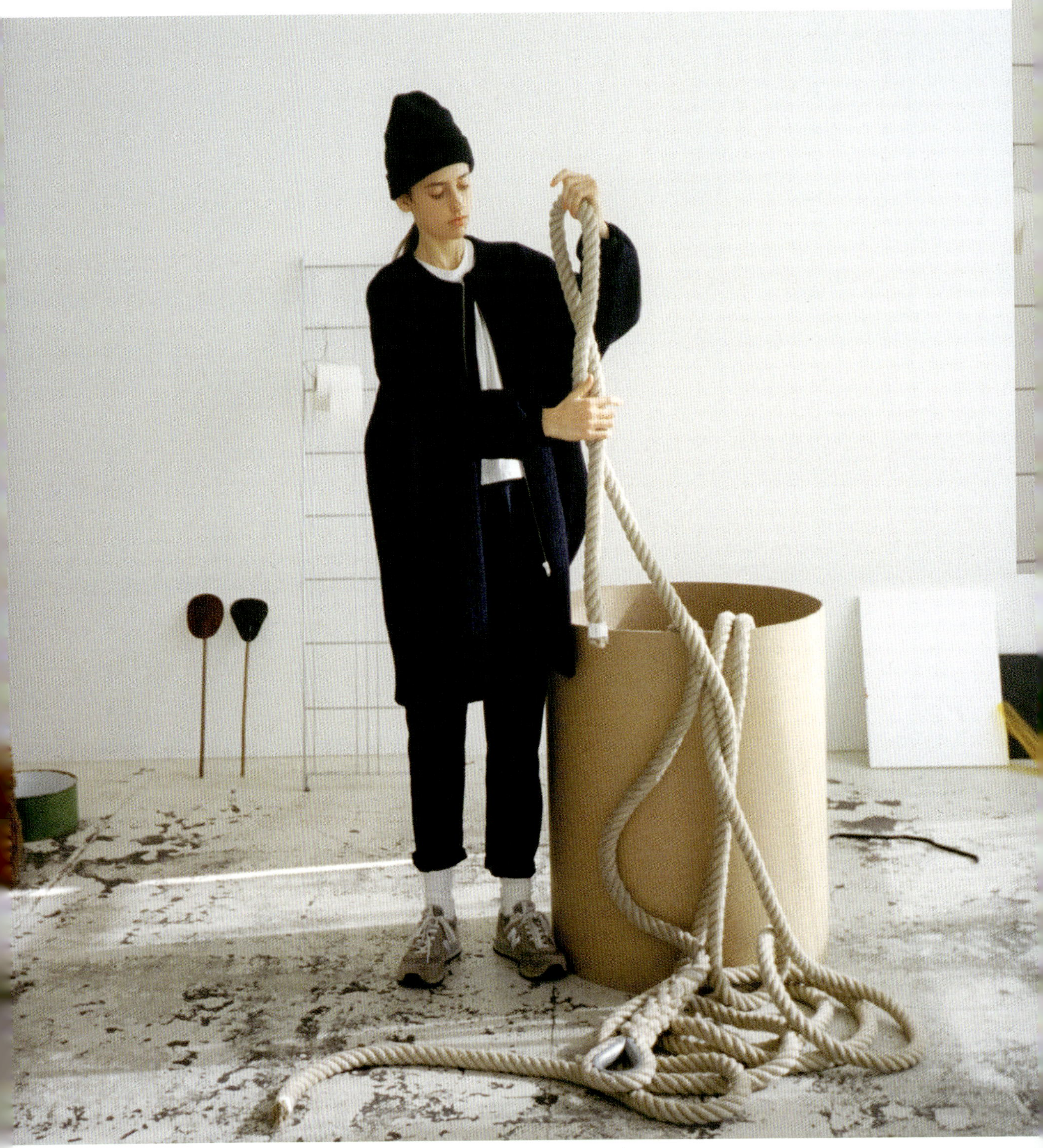

오버 실루엣의 깔끔한 숏 블루종.

L

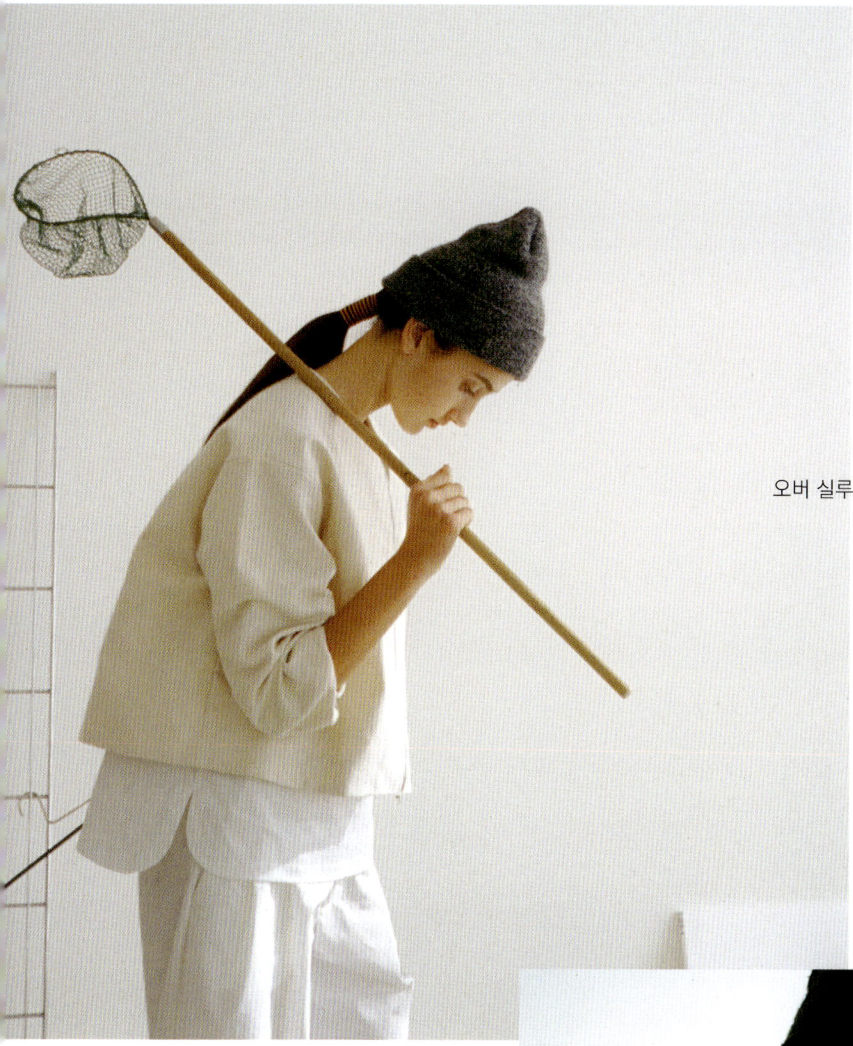

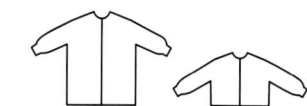

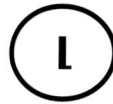

크루넥 블루종 小

만드는 방법→p.60

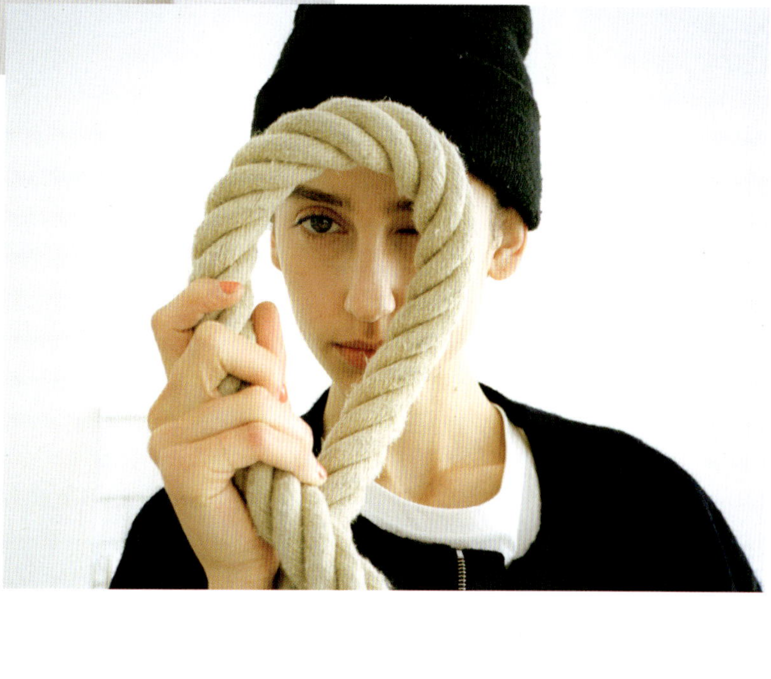

크루넥 블루종 小
만드는 방법→p.60

HOW TO MAKE

「슬림핏」「오버핏」 사이즈 고르는 방법

작품의 알파벳 소문자는 [슬림핏], 대문자는 [오버핏]으로 되어있습니다. (예를 들면, ⓐ는 슬림핏, Ⓐ는 오버핏.)
만드는 방법 페이지의 [완성 사이즈]를 참고하여, 본인이 가지고 있는 옷과 비교하면 자신에게 맞는 사이즈를 파악하기 쉽습니다. 자신의 체형에 딱 맞게 옷을 만들고 싶다면 아래의 사이즈표를 참고해주세요.

	슬림핏		오버핏 (※)
	사이즈 1 (S · M)	사이즈 2 (M · L)	원사이즈 (S · M · L)
가슴둘레	75~83cm	84~92cm	75~92cm
허리둘레	60~67cm	68~75cm	60~75cm
엉덩이 둘레	85~91cm	92~98cm	85~98cm
신장	154~162cm	154~168cm	154~168cm

※「Ⓚ턱 와이드 팬츠」만 사이즈 1, 2 로 소개합니다.

패턴 사용 방법

일부 패턴을 제외하고 대부분 실물크기 패턴을 사용합니다. 먼저, 만드는 방법 페이지에 기재된 패턴 면수를 확인하고 실물크기 패턴에서 해당 패턴을 찾아 다른 종이에 베껴 그립니다. 식서 방향, 트임 끝점, 맞춤점도 잊지 말고 표시해줍니다. 패턴에는 시접이 포함되어 있지 않기 때문에 만드는 방법 페이지의 재단 배치도를 참고하여 시접을 더한 후 원단을 재단합니다.

소재에 대해서

심플한 디자인이기 때문에 좋아하는 무늬의 원단이나 계절에 맞는 소재로 만들면 사계절 내내 입을 수 있습니다. 너무 얇거나 두꺼운 원단은 다루기 어렵기 때문에 만드는 방법 페이지의 [원단 고르는 포인트]를 참고하여 처음에는 봉합하기 수월한 중간 두께의 원단부터 사용하는 것이 좋습니다. 무늬 맞춤을 하는 경우에는 원단의 요척이 늘어날 수 있으니, 미리 확인하고 부족하지 않게 원단을 준비해주세요.

접착심(소잉심지) 고르는 방법

두껍고 딱딱한 접착심(소잉심지)은 소재의 촉감을 바꿔버리는 경우가 있기 때문에 가능한 얇고 부드러운 접착심(소잉심지)을 골라줍니다. 가윗집 주는 곳, 단추구멍을 뚫는 곳, 지퍼 다는 부분, 주머니 입구 부분, 허리밴드에는 기본적으로 접착심(소잉심지) 또는 소잉테이프 심지를 붙입니다. 하지만, 튼튼한 소재로 만들어 늘어남이 적은 경우에는 접착심(소잉심지)을 따로 붙일 필요가 없기 때문에 소재에 따라 심지를 선택하세요.

깔끔하게 완성하는 방법

깔끔하게 완성하는 방법의 가장 중요한 포인트는 만드는 과정마다 다림질을 하는 것입니다. 오버록 처리한 부분이나 봉합한 솔기 부분에 바늘땀이 촘촘하지 못하고 뜨는 경우가 생기기 때문에 원단 끝을 접거나 맨 마지막 단계에서 다림질하세요. 또한, 봉합할 때마다 시접을 다림질해주면 작품을 보다 더 깔끔하게 완성할 수 있습니다.

몸판 밑단, 소매 밑단, 목둘레 등의 끝 처리하는 방법

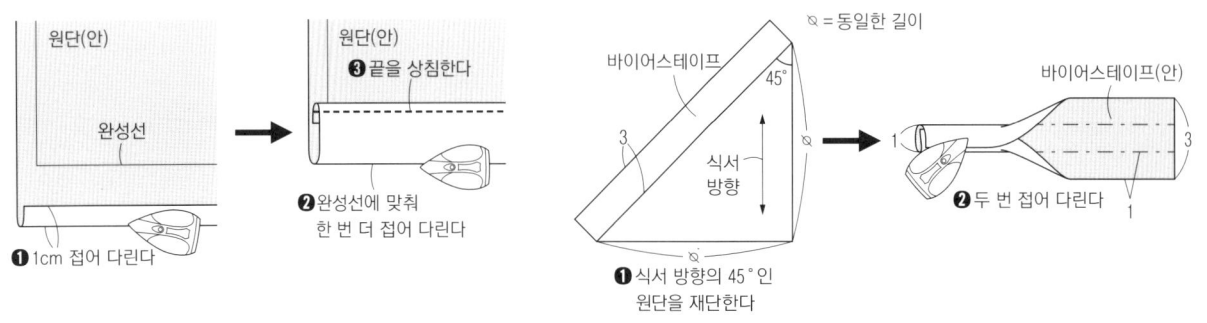

▼ 두 번 접는 방법

원단(안)

완성선

❶ 1cm 접어 다린다

원단(안)

❸ 끝을 상침한다

❷ 완성선에 맞춰
한 번 더 접어 다린다

▼ 바이어스테이프 만드는 방법

✎ = 동일한 길이

바이어스테이프

45°

3

식서
방향

✎

❶ 식서 방향의 45° 인
원단을 재단한다

바이어스테이프(안)

1

3

1

❷ 두 번 접어 다린다

솔기 처리 방법

봉합의 시작과 끝은 2~3회 되돌아박기를 하여, 올이 쉽게 풀리지 않도록 한다.

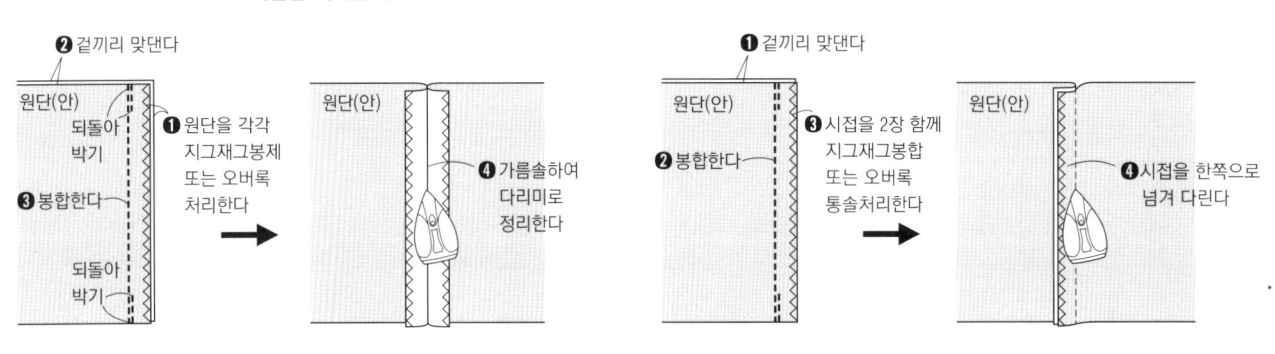

▼ 가름솔 처리할 때

❷ 겉끼리 맞댄다

원단(안)

되돌아
박기

❸ 봉합한다

되돌아
박기

❶ 원단을 각각
지그재그봉제
또는 오버록
처리한다

원단(안)

❹ 가름솔하여
다리미로
정리한다

▼ 한쪽으로 넘길 때

❶ 겉끼리 맞댄다

원단(안)

❷ 봉합한다

❸ 시접을 2장 함께
지그재그봉합
또는 오버록
통솔처리한다

원단(안)

❹ 시접을 한쪽으로
넘겨 다린다

주름 잡는 방법

▼주름 봉합

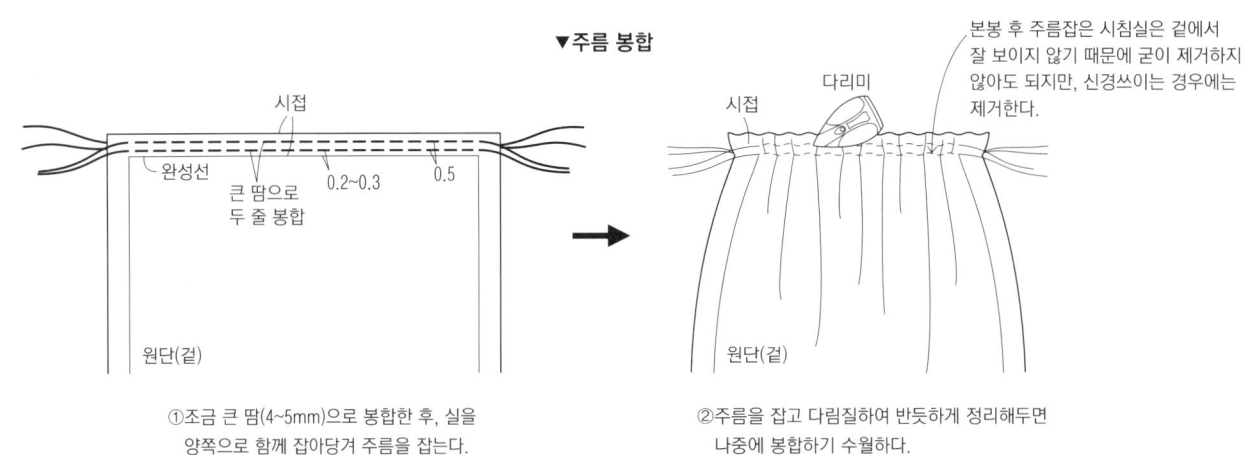

시접

완성선

큰 땀으로
두 줄 봉합

0.2~0.3   0.5

원단(겉)

①조금 큰 땀(4~5mm)으로 봉합한 후, 실을
양쪽으로 함께 잡아당겨 주름을 잡는다.

본봉 후 주름잡은 시침실은 겉에서
잘 보이지 않기 때문에 굳이 제거하지
않아도 되지만, 신경쓰이는 경우에는
제거한다.

시접

다리미

원단(겉)

②주름을 잡고 다림질하여 반듯하게 정리해두면
나중에 봉합하기 수월하다.

목둘레, 앞끝의 안단을 깔끔하게 만드는 방법

▼ 스테이 스티칭(시접 고정상침)

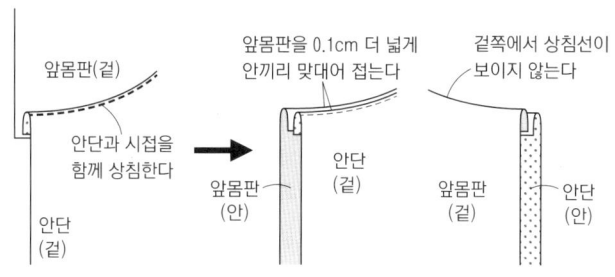

앞몸판(겉)

안단과 시접을
함께 상침한다

안단
(겉)

앞몸판을 0.1cm 더 넓게
안끼리 맞대어 접는다

겉쪽에서 상침선이
보이지 않는다

앞몸판
(안)

안단
(겉)

앞몸판
(겉)

안단
(안)

▼ 반박음질

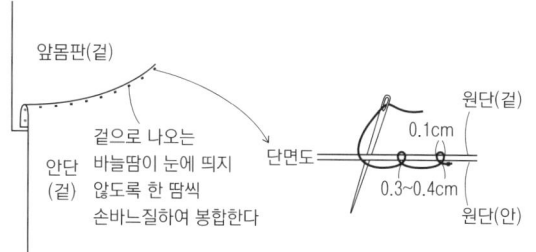

앞몸판(겉)

안단
(겉)

겉으로 나오는
바늘땀이 눈에 띄지
않도록 한 땀씩
손바느질하여 봉합한다

단면도

원단(겉)

0.1cm

0.3~0.4cm

원단(안)

안쪽의 원단을 고정하는 방법

▼ 공그르기

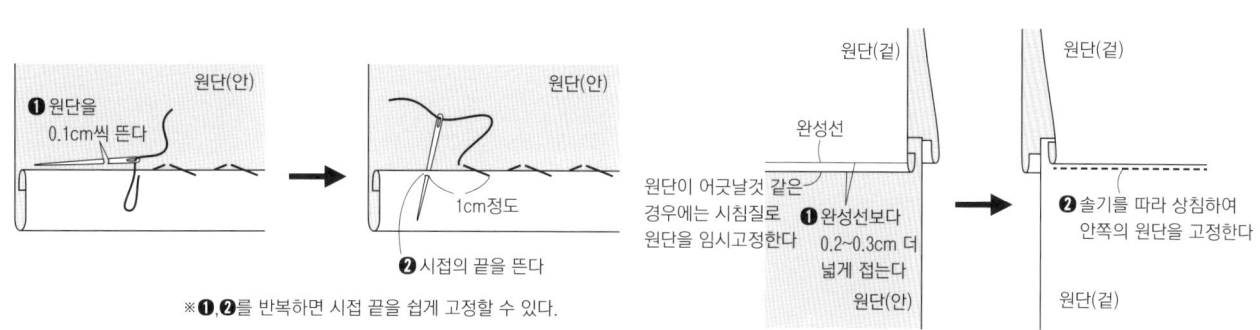

원단(안)

❶ 원단을
0.1cm씩 뜬다

원단(안)

1cm정도

❷ 시접의 끝을 뜬다

※❶,❷를 반복하면 시접 끝을 쉽게 고정할 수 있다.

▼ 숨겨박기

원단(겉)

완성선

원단이 어긋날것 같은
경우에는 시침질로
원단을 임시고정한다

❶ 완성선보다
0.2~0.3cm 더
넓게 접는다

원단(안)

원단(겉)

❷ 솔기를 따라 상침하여
안쪽의 원단을 고정한다

원단(겉)

니트 소재 봉합방법

▼2본침 4본실 오버록 미싱

니트 소재의 봉제에 가장 적합하며,
밑실은 니트용 미싱실(라라실)을 사용한다.

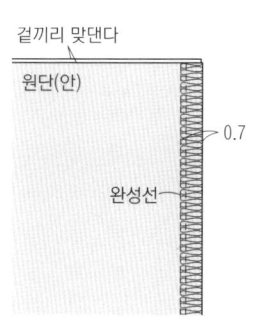

겉끼리 맞댄다

원단(안)

0.7

완성선

▼ 일반 봉합(지그재그봉합 또는 오버록 통솔처리)

반드시 니트용 미싱바늘, 미싱실을 사용하여 봉합한다.
작업 부분에 따라 지그재그봉합, 직선박기를 구분하여 사용한다.

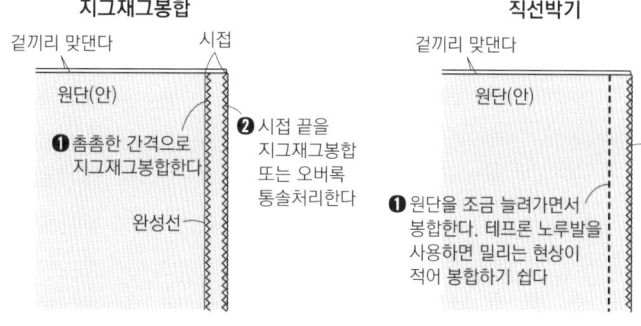

지그재그봉합

겉끼리 맞댄다

시접

원단(안)

❶ 촘촘한 간격으로
지그재그봉합한다

❷ 시접 끝을
지그재그봉합
또는 오버록
통솔처리한다

완성선

직선박기

겉끼리 맞댄다

원단(안)

❷ 시접 끝을
지그재그봉합
또는 오버록
통솔처리한다

❶ 원단을 조금 늘려가면서
봉합한다. 테프론 노루발을
사용하면 밀리는 현상이
적어 봉합하기 쉽다

※지그재그봉합은 직선박기에 비해 신축성이
있기 때문에 목둘레, 좁은 소매 안단 등에 이
봉합 방법이 적합하다.

 **a** V넥 풀오버 小

사이즈 1 · 2

A V넥 풀오버 大

원사이즈

a (left column)

사진 → p.7

직사각형 실루엣의 심플한 V넥 풀오버입니다. 밑단 양 옆선에 트임을 주고, 언발란스한 길이로 만들어 포인트를 주었습니다. 같은 원단으로 만든 **c**의 밴딩 배기 팬츠와 함께 매치하면 점프수트처럼 연출할 수 있습니다.

코디 아이템 : 밴딩 배기 팬츠(**c**)

실물크기 패턴 1면(앞) **a**앞몸판, **a**뒷몸판, **a**앞목 안단, **a**뒷목 안단, **a**암홀 안단, **a**앞밑단 안단, **a**뒤밑단 안단, **a**앞주머니

재료(사이즈 1·2동일) 겉감 = 110cm폭×160cm
접착심(소잉심지) = 15cm폭×5cm

원단 고르는 포인트

셔츠용 얇은 해지 원단을 사용했습니다. 차분한 느낌의 소재로 만들면 암홀 라인이 예쁘게 완성됩니다.

제작 순서(①~⑥→그림 참고)

① 앞·뒤밑단에 안단을 단다.
② 앞주머니를 만들어 앞몸판에 단다.
③ 몸판과 목둘레 안단의 어깨를 각각 봉합하고, 시접을 가름솔한다.
④ 목둘레와 암홀둘레에 안단을 단다.
⑤ 몸판의 옆선을 봉합하고, 시접을 가름솔한다.
⑥ 몸판의 밑단 안단을 정리한다.

A (right column)

사진 → p.6

a의 사이즈를 크게 만들면 원피스로도 입을 수 있습니다.
슬림 팬츠나 레깅스와 함께 매치하면 내추럴하면서도 멋스러운 연출이 가능합니다.

실물크기 패턴 2면(앞) **A**앞·뒤몸판(앞몸판, 뒷몸판 패턴이 합쳐진 패턴이기 때문에 각각 베껴 그린다), **A**앞목 안단, **A**뒷목 안단, **A**암홀 안단, **A**앞밑단 안단, **A**뒤밑단 안단, **A**앞주머니, **A**주머니

재료 겉감 = 110cm폭×250cm
접착심(소잉심지) = 20cm폭×5cm
소잉테이프 심지 = 1.2cm폭×35cm

원단 고르는 포인트

얇은 텐셀을 사용했습니다. 차분한 느낌의 소재를 고르면 실루엣이 예쁘게 완성됩니다. 심플한 디자인이기 때문에 프린트 원단으로 만들어도 좋습니다.

제작 순서(⑤→그림 참고)

①~④,⑥은 **ⓐ**와 동일.
⑤몸판의 옆선을 봉합하고, 옆선 주머니를 만든다.

완성 사이즈 · 제작 순서

※( )안의 숫자는 사이즈입니다.

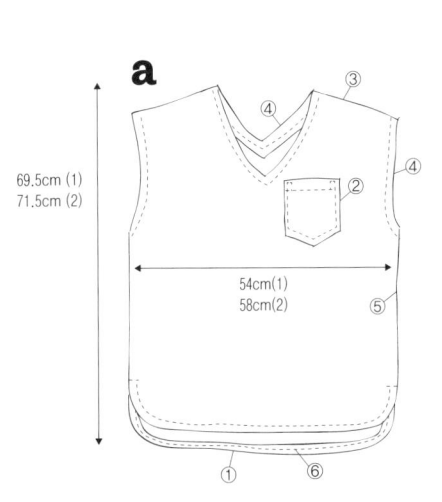

69.5cm (1)
71.5cm (2)

54cm(1)
58cm(2)

105cm

78cm

재단 배치도

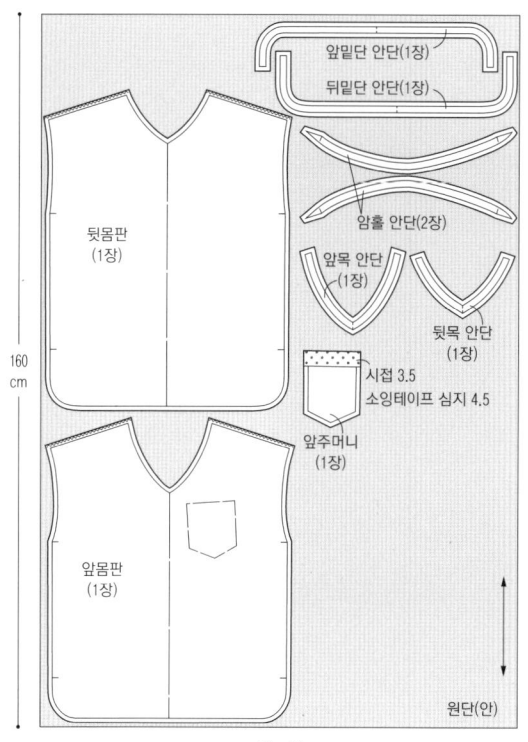

앞밑단 안단(1장)
뒤밑단 안단(1장)
암홀 안단(2장)
앞목 안단(1장)
뒷목 안단(1장)
뒷몸판(1장)
시접 3.5
소잉테이프 심지 4.5
앞주머니(1장)
앞몸판(1장)
160 cm
110cm폭
원단(안)

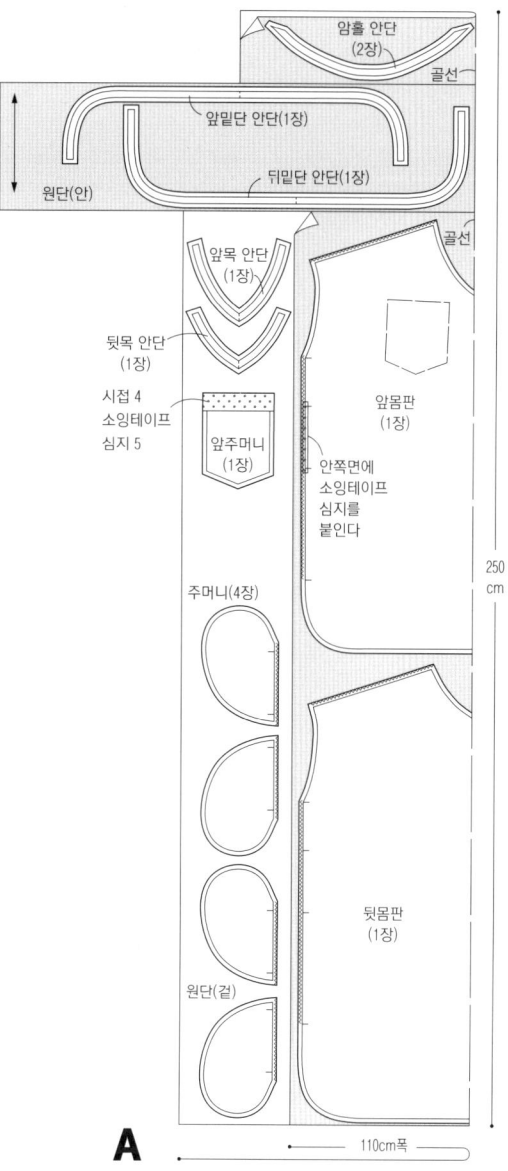

암홀 안단(2장)
골선
앞밑단 안단(1장)
원단(안)
뒤밑단 안단(1장)
앞목 안단(1장)
골선
뒷목 안단(1장)
시접 4
소잉테이프 심지 5
앞주머니(1장)
앞몸판(1장)
안쪽면에 소잉테이프 심지를 붙인다
주머니(4장)
250 cm
뒷몸판(1장)
원단(겉)
110cm폭

A

* 지정 이외의 시접 1cm.
* ⋮⋮⋮⋮ 는 안쪽면에 접착심(소잉심지), 소잉테이프 심지를 붙인다
* ∿∿∿∿ 는 봉합하기 전에 지그재그봉제 또는 오버록 처리한다

a

제작 방법

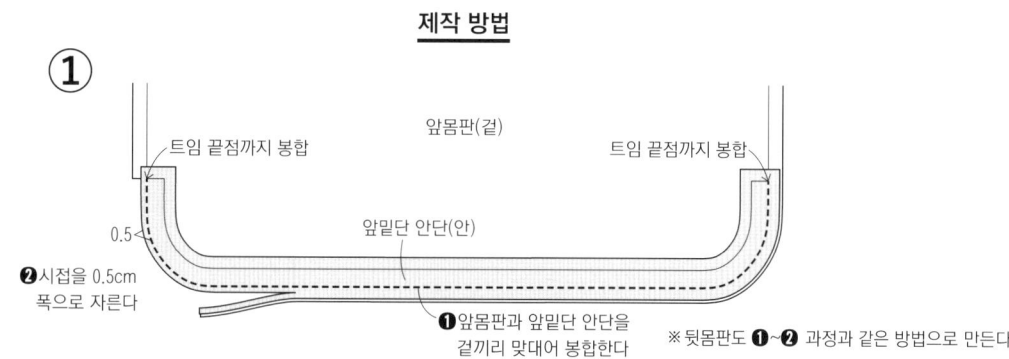

① 앞몸판(겉)

트임 끝점까지 봉합
트임 끝점까지 봉합
앞밑단 안단(안)
0.5
❷시접을 0.5cm 폭으로 자른다
❶앞몸판과 앞밑단 안단을 겉끼리 맞대어 봉합한다
※ 뒷몸판도 ❶~❷ 과정과 같은 방법으로 만든다

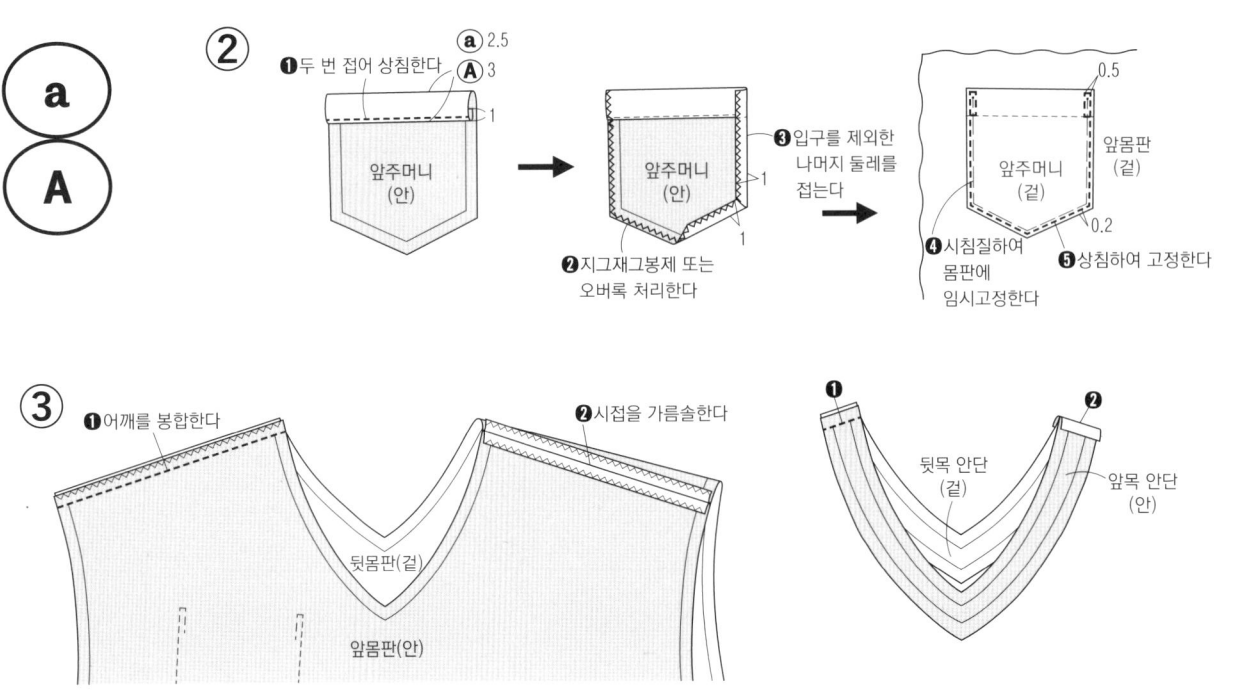

ⓐ / Ⓐ

②
❶두 번 접어 상침한다
ⓐ 2.5
Ⓐ 3
1
앞주머니 (안)

❸입구를 제외한 나머지 둘레를 접는다
앞주머니 (안)
1
❷지그재그봉제 또는 오버록 처리한다
1

0.5
앞주머니 (겉)
앞몸판 (겉)
0.2
❹시침질하여 몸판에 임시고정한다
❺상침하여 고정한다

③
❶어깨를 봉합한다
❷시접을 가름솔한다
뒷몸판(겉)
앞몸판(안)
❶
❷
뒷목 안단 (겉)
앞목 안단 (안)

④ 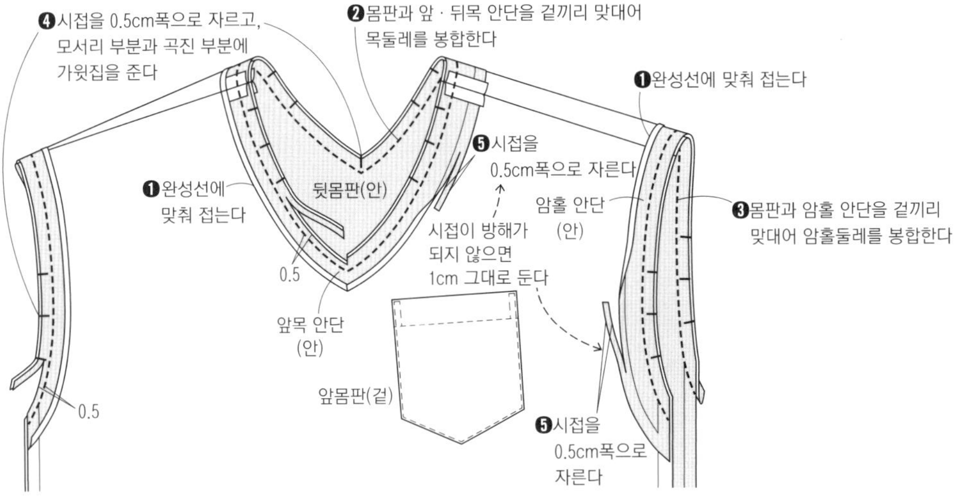
❹시접을 0.5cm폭으로 자르고, 모서리 부분과 곡진 부분에 가윗집을 준다
❷몸판과 앞·뒤목 안단을 겉끼리 맞대어 목둘레를 봉합한다
❶완성선에 맞춰 접는다
뒷몸판(안)
❶완성선에 맞춰 접는다
❺시접을 0.5cm폭으로 자른다
암홀 안단 (안)
❸몸판과 암홀 안단을 겉끼리 맞대어 암홀둘레를 봉합한다
0.5
앞목 안단 (안)
시접이 방해가 되지 않으면 1cm 그대로 둔다
앞몸판(겉)
❺시접을 0.5cm폭으로 자른다
0.5

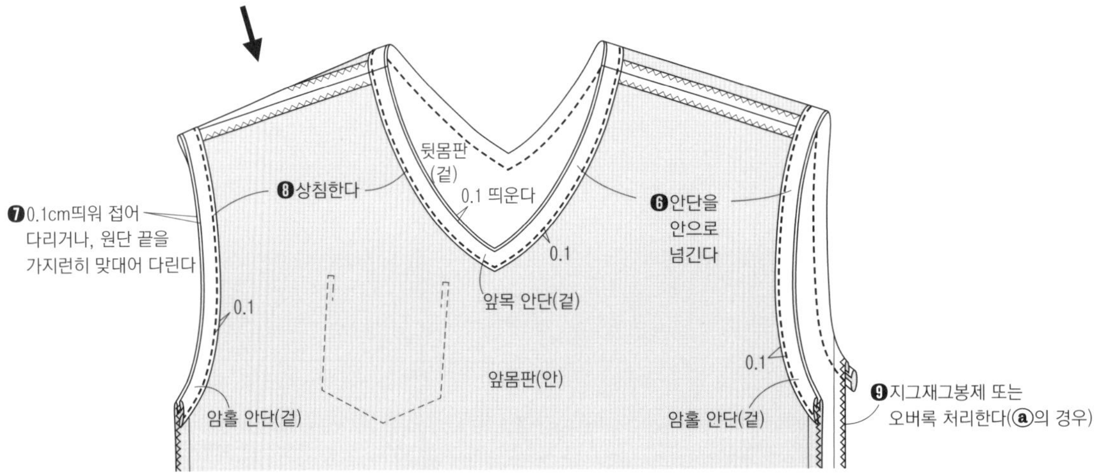

❼0.1cm띄워 접어 다리거나, 원단 끝을 가지런히 맞대어 다린다
❽상침한다
뒷몸판 (겉)
0.1 띄운다
❻안단을 안으로 넘긴다
0.1
앞목 안단(겉)
0.1
앞몸판(안)
암홀 안단(겉)
암홀 안단(겉)
0.1
❾지그재그봉제 또는 오버록 처리한다(ⓐ의 경우)

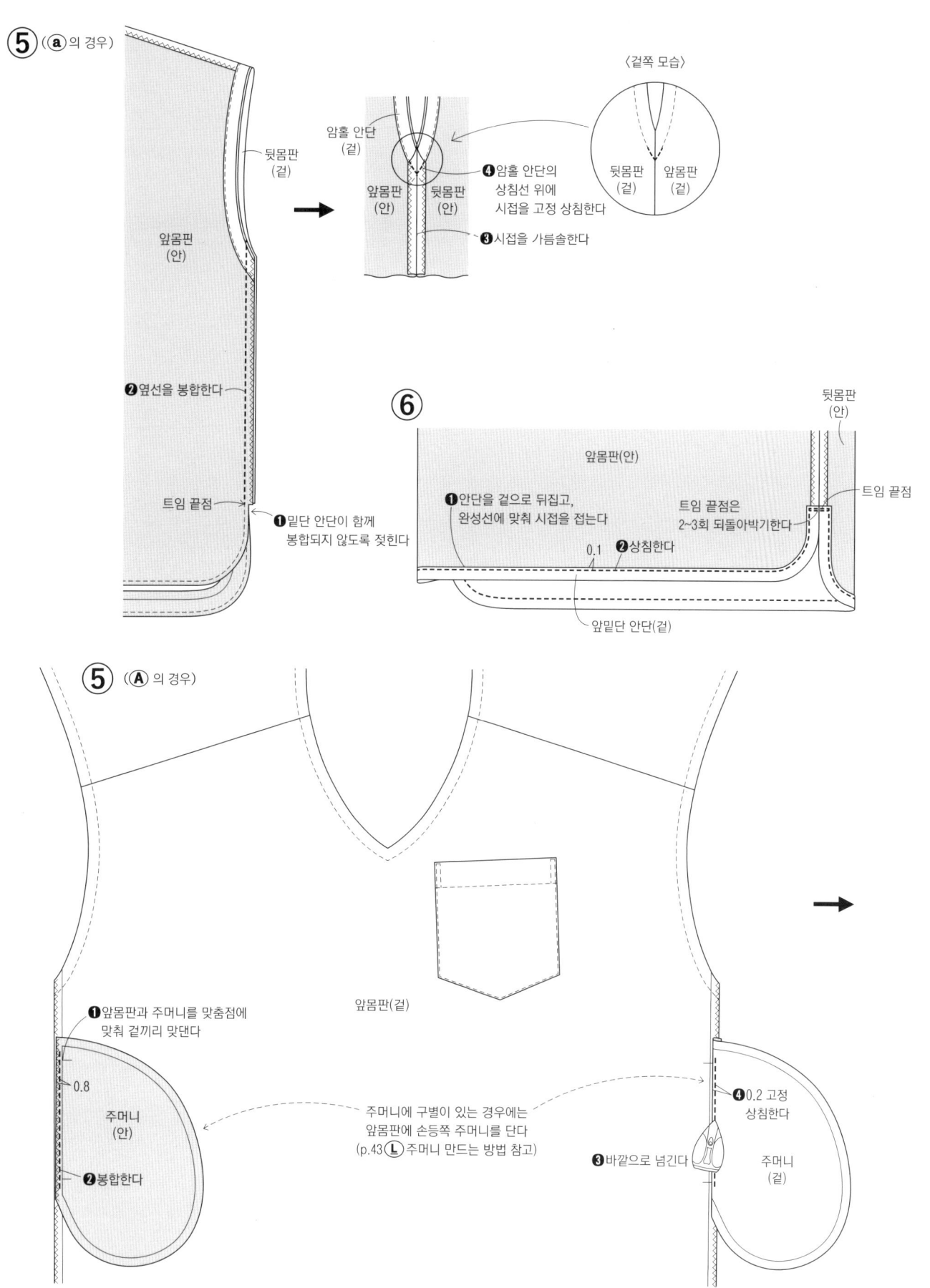

⑤ (ⓐ의 경우)

뒷몸판
(겉)

암홀 안단
(겉)

앞몸판
(안)

뒷몸판
(안)

〈겉쪽 모습〉

뒷몸판
(겉)

앞몸판
(겉)

❹암홀 안단의
상침선 위에
시접을 고정 상침한다

❸시접을 가름솔한다

앞몸판
(안)

❷옆선을 봉합한다

트임 끝점

❶밑단 안단이 함께
봉합되지 않도록 젖힌다

⑥

뒷몸판
(안)

앞몸판(안)

❶안단을 겉으로 뒤집고,
완성선에 맞춰 시접을 접는다

트임 끝점은
2~3회 되돌아박기한다

트임 끝점

0.1

❷상침한다

앞밑단 안단(겉)

⑤ (Ⓐ의 경우)

앞몸판(겉)

❶앞몸판과 주머니를 맞춤점에
맞춰 겉끼리 맞댄다

0.8

주머니
(안)

❷봉합한다

주머니에 구별이 있는 경우에는
앞몸판에 손등쪽 주머니를 단다
(p.43 Ⓛ 주머니 만드는 방법 참고)

❹0.2 고정
상침한다

❸바깥으로 넘긴다

주머니
(겉)

A

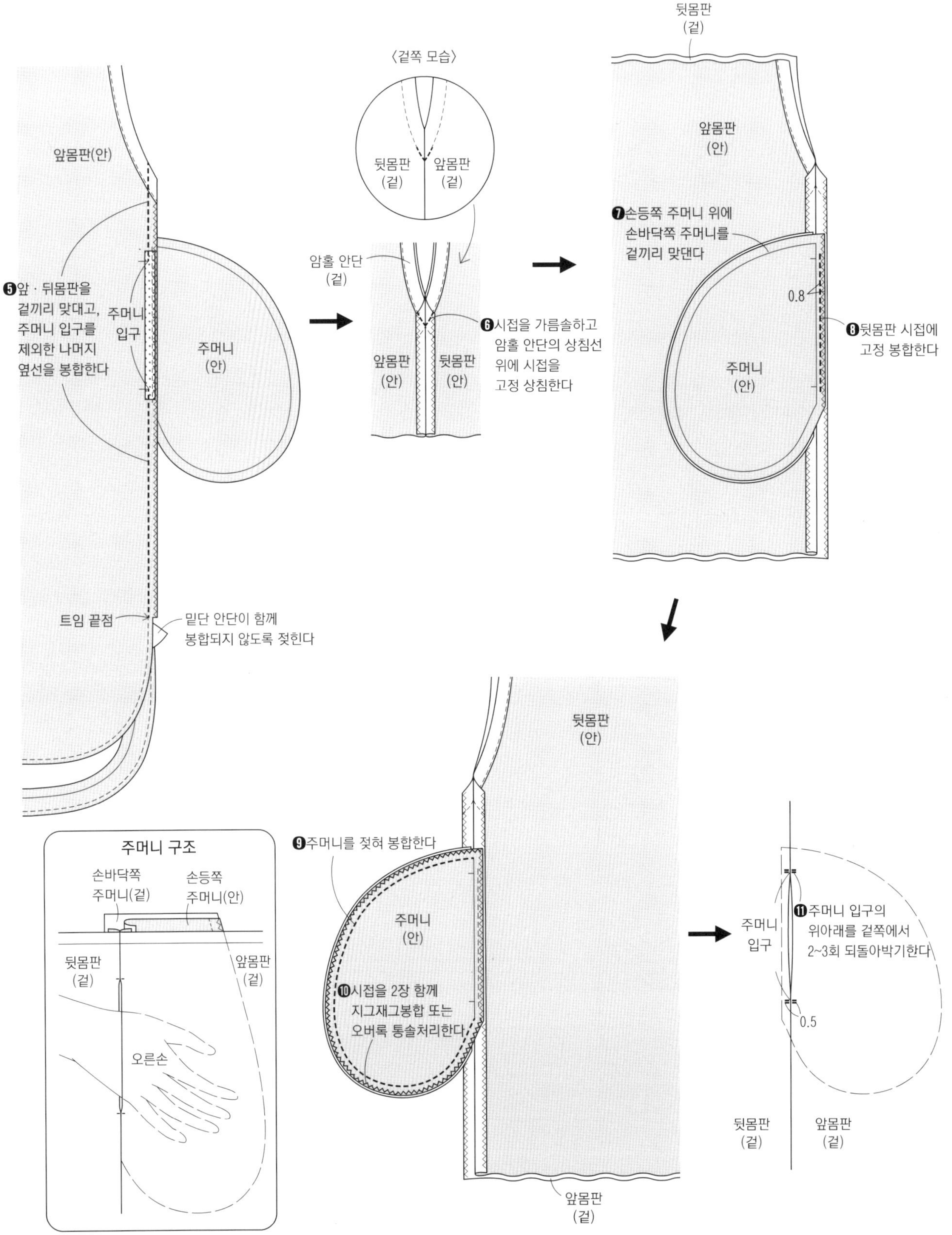

앞몸판(안)

〈겉쪽 모습〉

뒷몸판
(겉)

뒷몸판(겉) · 앞몸판(겉)

❺앞 · 뒤몸판을 겉끼리 맞대고, 주머니 입구를 제외한 나머지 옆선을 봉합한다

주머니 입구

주머니 (안)

암홀 안단 (겉)

❻시접을 가름솔하고 암홀 안단의 상침선 위에 시접을 고정 상침한다

앞몸판 (안)

뒷몸판 (안)

앞몸판 (안)

❼손등쪽 주머니 위에 손바닥쪽 주머니를 겉끼리 맞댄다

0.8

주머니 (안)

❽뒷몸판 시접에 고정 봉합한다

트임 끝점

밑단 안단이 함께 봉합되지 않도록 젖힌다

뒷몸판 (안)

❾주머니를 젖혀 봉합한다

주머니 (안)

⓾시접을 2장 함께 지그재그봉합 또는 오버록 통솔처리한다

주머니 입구

⓫주머니 입구의 위아래를 겉쪽에서 2~3회 되돌아박기한다

0.5

뒷몸판 (겉)

앞몸판 (겉)

앞몸판 (겉)

주머니 구조

손바닥쪽 주머니(겉)

손등쪽 주머니(안)

뒷몸판 (겉)

앞몸판 (겉)

오른손

 **플레어 블라우스 小**

사이즈 1 · 2

사진 → p.20
작은 소매와 A라인으로 퍼지는 실루엣이 귀여운 플레어 블라우스입니다. 숏팬츠나 와이드 팬츠 등 여러 팬츠와 함께 매치하면 캐주얼한 느낌이 더해집니다.
코디 아이템: 하프팬츠 (k패턴에서 기장을 줄여 사용)

실물크기 패턴 2면(앞) h앞몸판, h뒷몸판, h소매
※목둘레용 바이어스테이프는 재단 배치도에 기재된 치수로
  직접 제도하여 사용합니다.

재료 겉감 = 110cm폭×130cm(사이즈 1)
         110cm폭×140cm(사이즈 2)

원단 고르는 포인트
프린트 무늬의 코튼 쉬팅을 사용했습니다. 프린트 원단 외에 빨강색처럼 포인트가 강한 원색의 원단을 사용해도 좋습니다.

제작 순서(②~⑧→그림 참고)
①바이어스천으로 바이어스테이프를 만든다.(p.34 참고)
②몸판과 소매의 밑단을 두 번 접어 다린다.
③목둘레를 바이어스 처리한다.
④몸판의 어깨를 봉합하고, 시접을 가름솔한다.
⑤소매를 만들고, 소매 밑단을 두 번 접어 상침한다.
⑥몸판의 옆선을 봉합하고, 시접을 가름솔한다.
⑦몸판에 소매를 단다.
⑧몸판의 밑단을 두 번 접어 상침한다.

 **플레어 블라우스 大**

원사이즈

사진 → p.21
A라인의 블라우스에서 기장을 늘린 원피스입니다. 움직일 때마다 살랑거리는 플레어가 매력적인 아이템으로 레깅스나 타이트한 팬츠와 함께 매치해도 좋습니다.

실물크기 패턴 1면(앞) H앞·뒤몸판(앞·뒤몸판 패턴이 합쳐진 패턴이기때문에 각각 베껴 그린다), H소매
실물크기 패턴 2면(앞) H주머니
※목둘레용 바이어스테이프는 재단 배치도에 기재된 치수로
  직접 제도하여 사용합니다.

재료 겉감 = 140cm폭×230cm
         소잉테이프 심지 = 1.2cm폭×35cm

원단 고르는 포인트
프린트 무늬의 오건디를 사용했습니다. 샴브레이 등 원단의 결이 느껴지는 소재 또는 눈에 띄는 컬러나 무늬의 원단을 고르는 것을 추천합니다.

제작 순서(⑤~⑦→그림 참고)
①~④는 h와 동일.
※②과정에서, 소매 밑단은 1cm/3cm로 두 번 접어 다린다.
⑤몸판에 소매를 단다.
⑥몸판에 주머니를 달고, 옆선을 봉합한다.(p.39~40 ⑤(Ⓐ의 경우) 참고)
⑦몸판과 소매의 밑단을 두 번 접어 상침한다.

완성 사이즈 · 제작 순서

※( )안의 숫자는 사이즈입니다.

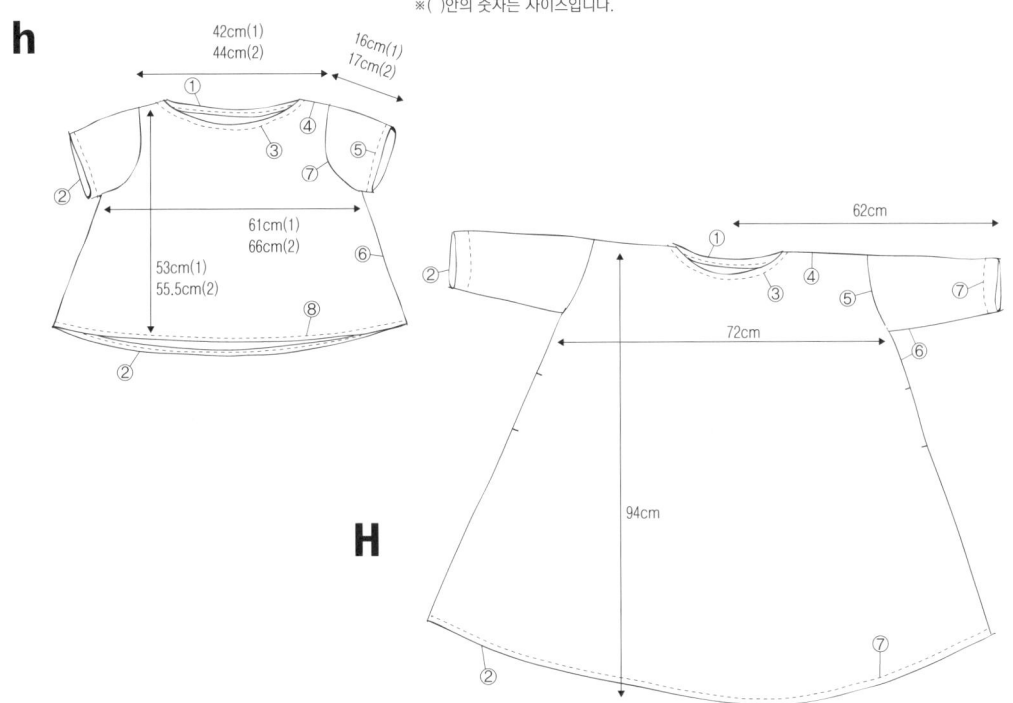

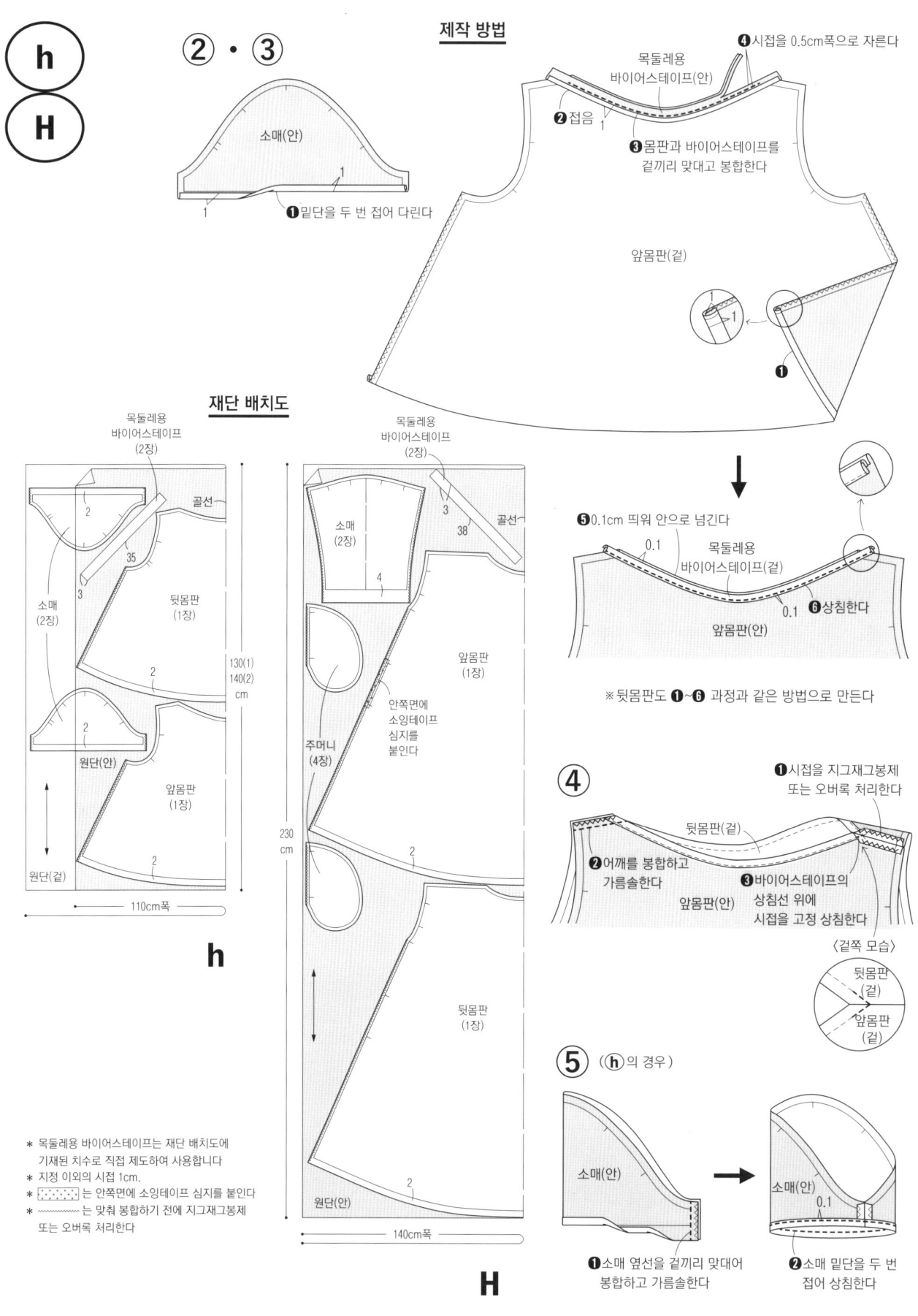

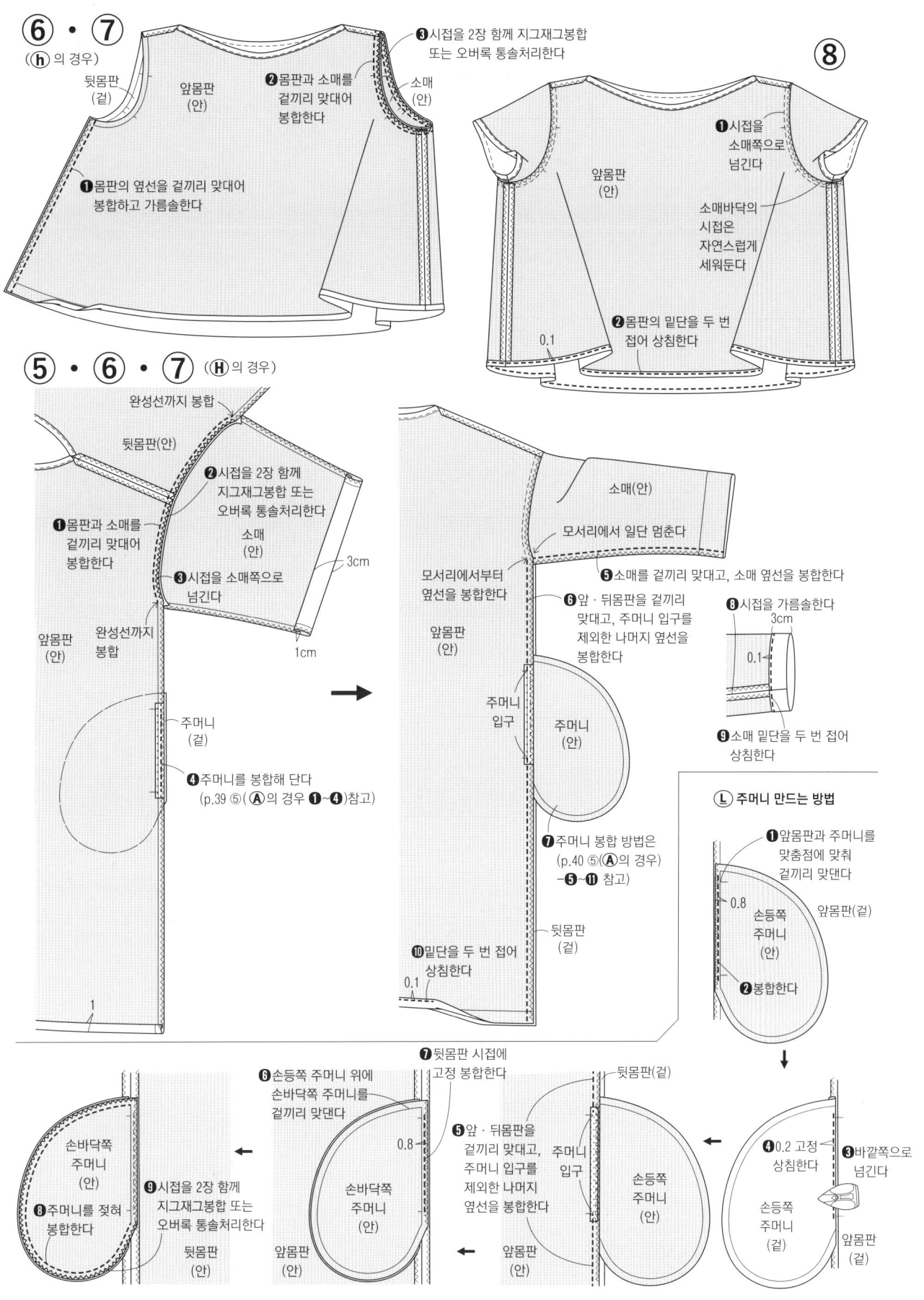

⑥・⑦
(ⓗ의 경우)

뒷몸판
(겉)

앞몸판
(안)

❸시접을 2장 함께 지그재그봉합
또는 오버록 통솔처리한다

소매
(안)

❷몸판과 소매를
겉끼리 맞대어
봉합한다

❶몸판의 옆선을 겉끼리 맞대어
봉합하고 가름솔한다

⑧

앞몸판
(안)

❶시접을
소매쪽으로
넘긴다

소매바닥의
시접은
자연스럽게
세워둔다

❷몸판의 밑단을 두 번
접어 상침한다

0.1

⑤・⑥・⑦ (Ⓗ의 경우)

완성선까지 봉합

뒷몸판(안)

❷시접을 2장 함께
지그재그봉합 또는
오버록 통솔처리한다

소매
(안)

❶몸판과 소매를
겉끼리 맞대어
봉합한다

❸시접을 소매쪽으로
넘긴다

3cm

앞몸판
(안)

완성선까지
봉합

주머니
(겉)

❹주머니를 봉합해 단다
(p.39 ⑤(Ⓐ의 경우 ❶~❹)참고)

1

소매(안)

모서리에서 일단 멈춘다

모서리에서부터
옆선을 봉합한다

앞몸판
(안)

1cm

❺소매를 겉끼리 맞대고, 소매 옆선을 봉합한다

❻앞·뒤몸판을 겉끼리
맞대고, 주머니 입구를
제외한 나머지 옆선을
봉합한다

주머니
입구

주머니
(안)

❼주머니 봉합 방법은
(p.40 ⑤(Ⓐ의 경우)
→❺~⓫ 참고)

뒷몸판
(겉)

❿밑단을 두 번 접어
상침한다

0.1

❽시접을 가름솔한다

3cm

0.1

❾소매 밑단을 두 번 접어
상침한다

Ⓛ 주머니 만드는 방법

❶앞몸판과 주머니를
맞춤점에 맞춰
겉끼리 맞댄다

0.8

손등쪽
주머니
(안)

앞몸판(겉)

❷봉합한다

❹0.2 고정
상침한다

❸바깥쪽으로
넘긴다

손등쪽
주머니
(겉)

앞몸판
(겉)

❼뒷몸판 시접에
고정 봉합한다

❻손등쪽 주머니 위에
손바닥쪽 주머니를
겉끼리 맞댄다

뒷몸판(겉)

0.8

❺앞·뒤몸판을
겉끼리 맞대고,
주머니 입구를
제외한 나머지
옆선을 봉합한다

주머니
입구

손등쪽
주머니
(안)

손바닥쪽
주머니
(안)

❾시접을 2장 함께
지그재그봉합 또는
오버록 통솔처리한다

뒷몸판
(안)

❽주머니를 젖혀
봉합한다

손바닥쪽
주머니
(안)

앞몸판
(안)

앞몸판
(안)

반소매 티셔츠 小

사이즈 1·2

사진 → p.9

베이직하고 캐주얼한 느낌의 반소매 티셔츠입니다.
다양한 컬러 또는 프린트 원단으로 만들어도 좋습니다.

실물크기 패턴 1면(뒤) b앞몸판, b뒷몸판, b소매,
b목둘레천

재료 겉감=110cm폭×100cm(사이즈 1·2동일)

원단 고르는 포인트

코튼 레이온 혼방의 차분함이 느껴지는 니트 컷앤쏘(cut&sew)를 사용했습니다.

제작 순서(③~⑦→그림 참고)

① 소매 밑단은 1cm / 1.5cm
　밑단은 1cm / 2cm로 두 번 접어 다린다.
② 목둘레천을 만든다(p.47 ②-❶~❸ 참고)
③ 몸판의 어깨를 봉합한다.
④ 몸판에 목둘레천을 단다.
⑤ 몸판에 소매를 단다.
⑥ 몸판과 소매의 옆선을 한 번에 이어서 봉합한다.
⑦ 몸판과 소매의 밑단을 두 번 접어 상침한다.

만드는 방법 포인트

이 서적에서는 일반 미싱으로 봉합하는 방법을 설명하고 있습니다.
2본침 4본실의 오버록 미싱으로 봉합하는 경우에는 시접은 0.7cm를 줍니다.
p.35 [니트 소재 봉합방법]을 참고하여 원하는 방법을 골라 만들어줍니다.
2본침 4본실의 오버록 미싱이 없는 경우, 신축성이 필요한 목둘레 부분은
입고 벗기 수월하도록 지그재그봉제하여 신축성을 좋게 만들어줍니다.

완성 사이즈 · 제작 순서

※( )안의 숫자는 사이즈입니다.

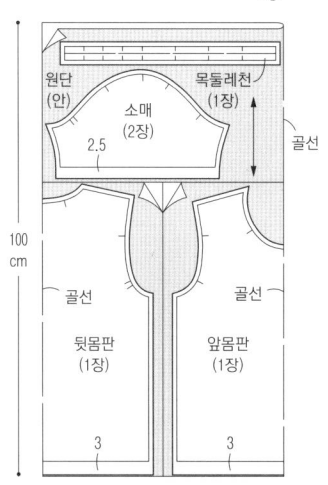

반소매 티셔츠 大

원사이즈

사진 → p.8

기장을 늘려 원피스처럼 입을 수 있는 롱 티셔츠입니다. 가지고 있는 하의 또는 본인의 키에 맞춰서 길이를 늘리거나 짧게 변형해보세요.

실물크기 패턴 2면(앞) B앞몸판, B뒷몸판,
B소매, B목둘레천

재료 겉감=110cm폭×230cm

원단 고르는 포인트

조금 두께가 있는 다이마루 원단을 사용했습니다.
스웨트 소재로 만들어도 좋습니다.

제작 순서, 만드는 방법 포인트

ⓑ와 동일.

※①과정에서, 소매 밑단은 1cm/2cm로 두 번 접어 다린다.

재단 배치도

* 골선 표시된 반쪽 패턴은 좌우 대칭이기 때문에
　반대쪽은 좌우를 뒤집어 베긴다.
* 지정 이외의 시접 1cm.

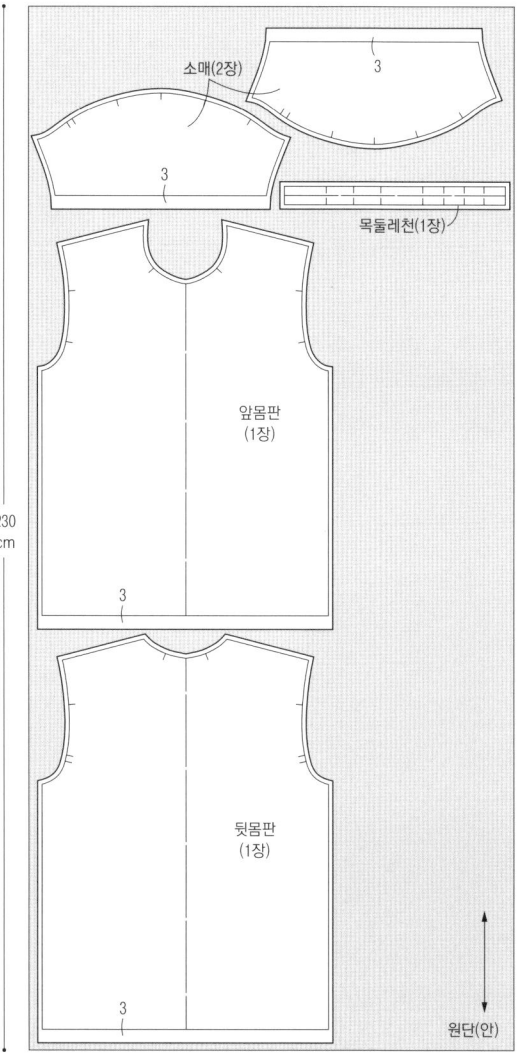

제작 방법

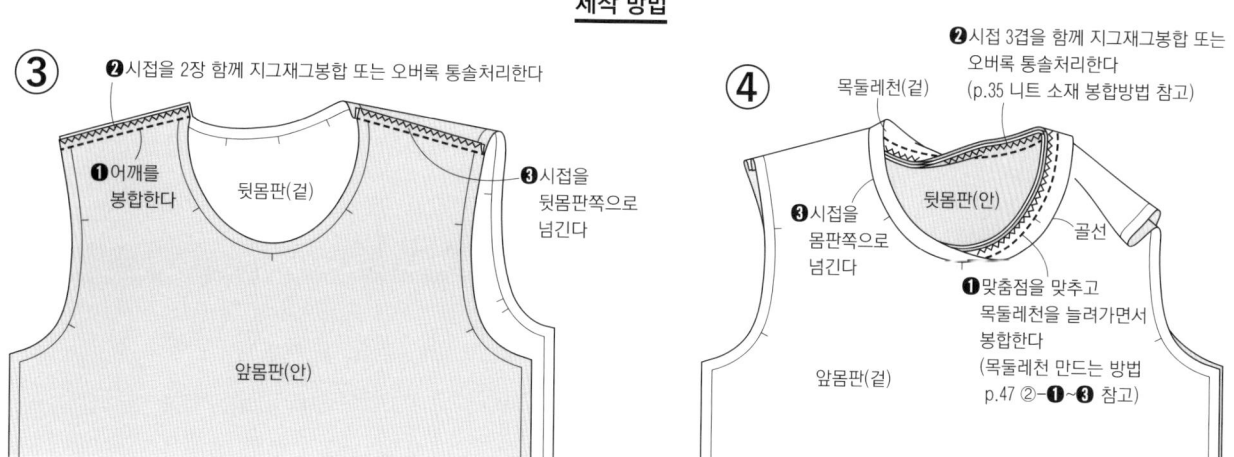

③ ❷시접을 2장 함께 지그재그봉합 또는 오버록 통솔처리한다

❶어깨를 봉합한다

뒷몸판(겉)

앞몸판(안)

❸시접을 뒷몸판쪽으로 넘긴다

④ ❷시접 3겹을 함께 지그재그봉합 또는 오버록 통솔처리한다 (p.35 니트 소재 봉합방법 참고)

목둘레천(겉)

뒷몸판(안)

❸시접을 몸판쪽으로 넘긴다

골선

❶맞춤점을 맞추고 목둘레천을 늘려가면서 봉합한다 (목둘레천 만드는 방법 p.47 ②-❶~❸ 참고)

앞몸판(겉)

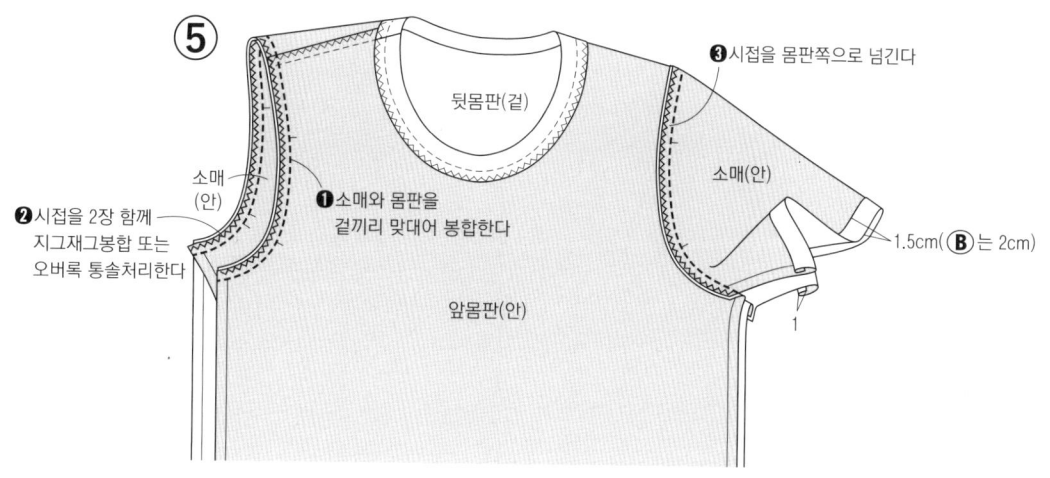

⑤ ❸시접을 몸판쪽으로 넘긴다

뒷몸판(겉)

소매(안)

소매(안)

❷시접을 2장 함께 지그재그봉합 또는 오버록 통솔처리한다

❶소매와 몸판을 겉끼리 맞대어 봉합한다

앞몸판(안)

1.5cm(Ⓑ는 2cm)

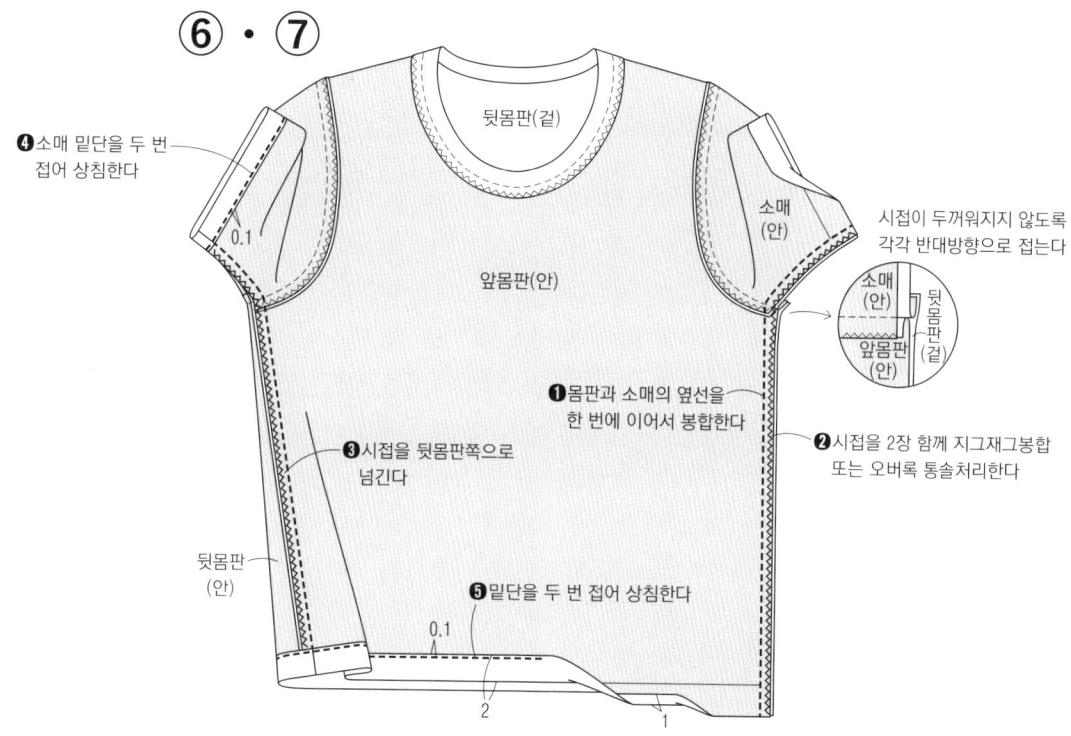

⑥ · ⑦

❹소매 밑단을 두 번 접어 상침한다

0.1

뒷몸판(겉)

소매(안)

앞몸판(안)

시접이 두꺼워지지 않도록 각각 반대방향으로 접는다

소매(안)

뒷몸판(겉)

앞몸판(안)

❶몸판과 소매의 옆선을 한 번에 이어서 봉합한다

❷시접을 2장 함께 지그재그봉합 또는 오버록 통솔처리한다

❸시접을 뒷몸판쪽으로 넘긴다

뒷몸판(안)

❺밑단을 두 번 접어 상침한다

0.1

2

1

 **래글런 맨투맨 小**

사이즈 1 · 2

사진 → p.14
짧은 길이의 심플한 맨투맨입니다. 롱 스커트나 풍성한 하의와 함께 매치하면
귀여운 느낌의 스타일링이 완성됩니다.

실물크기 패턴 2면(뒤) e앞몸판, e뒷몸판, e소매, e목둘레천, e밑단천,
e커프스

재료 겉감 = 110cm폭 × 140cm(사이즈 1)
110cm폭 × 150cm(사이즈 2)

원단 고르는 포인트
잘 늘어나는 미니 쮜리 원단을 사용했습니다. 신축성이 없는 소재로 만드는 경우
목둘레천, 밑단천, 커프스에는 몸판과 같은 컬러의 시보리 원단을 준비합니다.

제작 순서(①~④→그림 참고)
①몸판과 소매를 맞춰 봉합한다.
②몸판에 목둘레천을 단다.
③몸판과 소매의 옆선을 한 번에 이어서 봉합한다.
④커프스와 밑단천을 단다.

만드는 방법 포인트
이 서적에서는 일반 미싱으로 봉합하는 방법을
설명하고 있습니다. 2본침 4본실의 오버록 미
싱으로 봉합하는 경우에는 시접은 0.7cm를 줍
니다. p.35 [니트 소재 봉합방법]을 참고하고,
원하는 방법을 골라 만들어 줍니다. 2본침 4본
실의 오버록 미싱이 없는 경우, 신축성이 필요
한 목둘레 부분을 입고 벗기 수월하도록 지그
재그봉제하여 신축성을 좋게 만들어 줍니다.

완성 사이즈 · 제작 순서

※( )안의 숫자는 사이즈입니다.

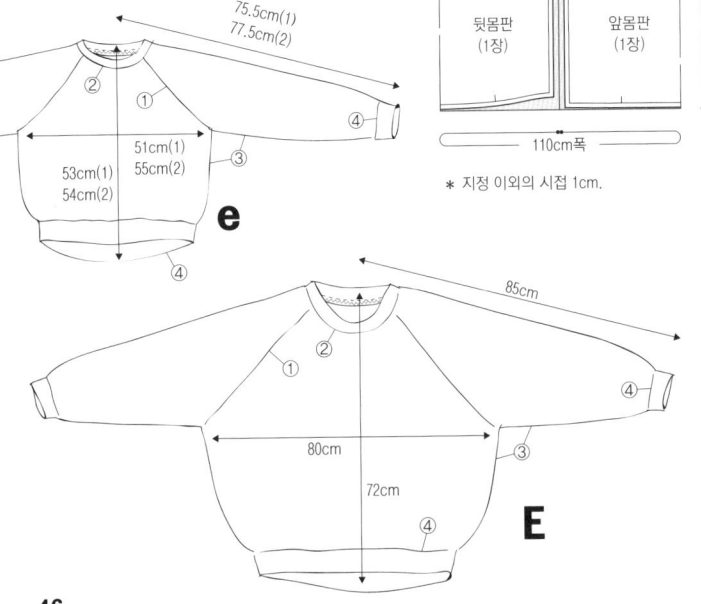

 **래글런 맨투맨 大**

원사이즈

사진 → p.15
오버사이즈로 날씬해 보이는 맨투맨입니다. 타이트 스커트나 스키니
진, 하프팬츠와 함께 매치해보세요.

실물크기 패턴 1면(뒤) E앞몸판, E뒷몸판, E소매, E목둘레천,
E밑단천

실물크기 패턴 2면(뒤) E커프스

재료 겉감 = 110cm폭 × 240cm

원단 고르는 포인트, 제작 순서, 만드는 방법 포인트
e와 동일

재단 배치도

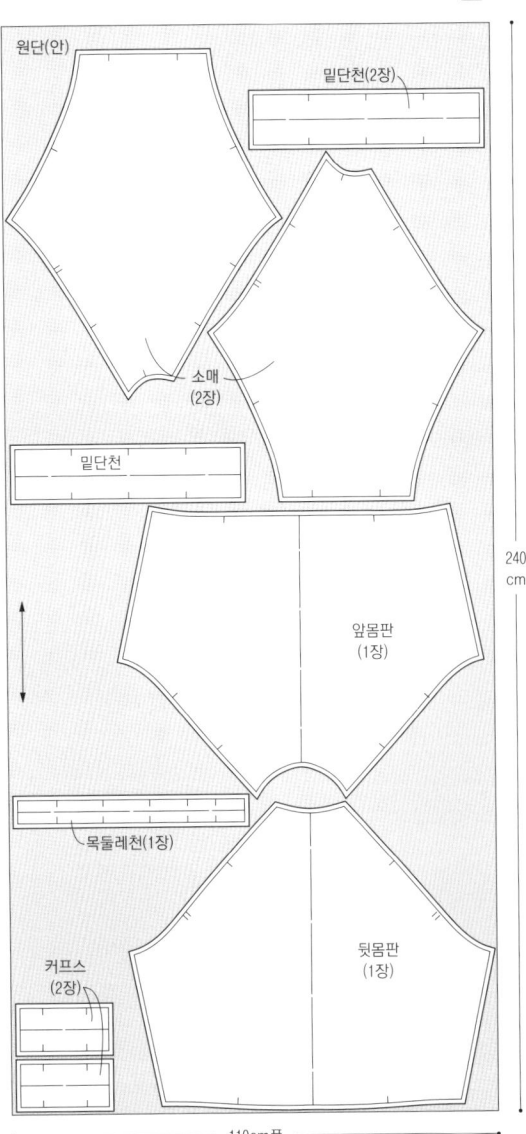

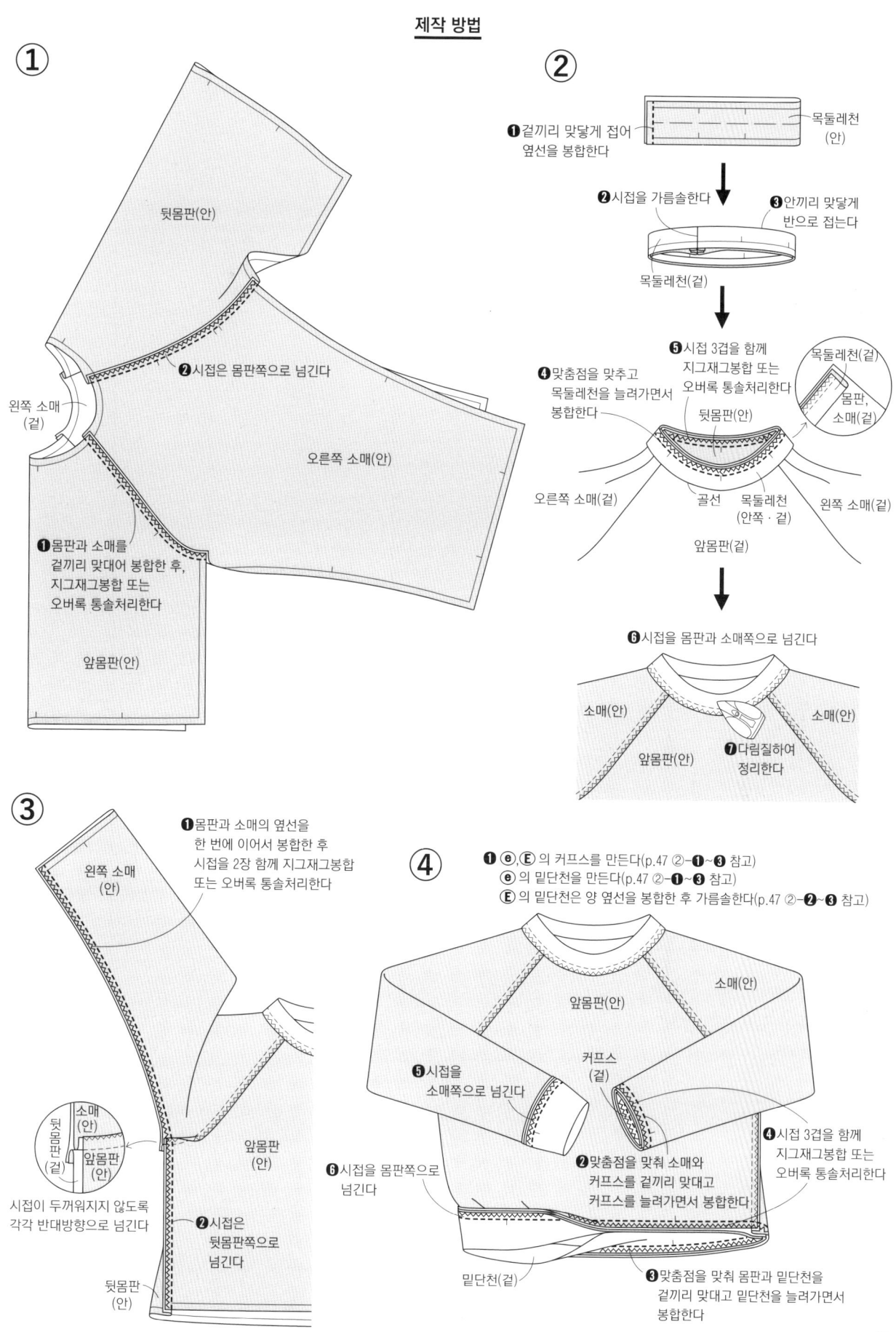

①
뒷몸판(안)

❷시접은 몸판쪽으로 넘긴다

왼쪽 소매
(겉)

오른쪽 소매(안)

❶몸판과 소매를
겉끼리 맞대어 봉합한 후,
지그재그봉합 또는
오버록 통솔처리한다

앞몸판(안)

②
❶겉끼리 맞닿게 접어
옆선을 봉합한다

목둘레천
(안)

❷시접을 가름솔한다

❸안끼리 맞닿게
반으로 접는다

목둘레천(겉)

❹맞춤점을 맞추고
목둘레천을 늘려가면서
봉합한다

❺시접 3겹을 함께
지그재그봉합 또는
오버록 통솔처리한다

목둘레천(겉)

몸판,
소매(겉)

뒷몸판(안)

오른쪽 소매(겉)

골선

목둘레천
(안쪽·겉)

왼쪽 소매(겉)

앞몸판(겉)

❻시접을 몸판과 소매쪽으로 넘긴다

소매(안)

소매(안)

앞몸판(안)

❼다림질하여
정리한다

③
❶몸판과 소매의 옆선을
한 번에 이어서 봉합한 후
시접을 2장 함께 지그재그봉합
또는 오버록 통솔처리한다

왼쪽 소매
(안)

소매
(안)

뒷몸판
(겉)

앞몸판
(안)

시접이 두꺼워지지 않도록
각각 반대방향으로 넘긴다

뒷몸판
(안)

앞몸판
(안)

❷시접은
뒷몸판쪽으로
넘긴다

④
❶ⓒ,Ⓔ의 커프스를 만든다(p.47 ②-❶~❸ 참고)
ⓒ의 밑단천을 만든다(p.47 ②-❶~❸ 참고)
Ⓔ의 밑단천은 양 옆선을 봉합한 후 가름솔한다(p.47 ②-❷~❸ 참고)

앞몸판(안)

소매(안)

커프스
(겉)

❺시접을
소매쪽으로 넘긴다

❷맞춤점을 맞춰 소매와
커프스를 겉끼리 맞대고
커프스를 늘려가면서 봉합한다

❹시접 3겹을 함께
지그재그봉합 또는
오버록 통솔처리한다

❻시접을 몸판쪽으로
넘긴다

밑단천(겉)

❸맞춤점을 맞춰 몸판과 밑단천을
겉끼리 맞대고 밑단천을 늘려가면서
봉합한다

ⓘ 칼라 셔츠 小
사이즈 1 · 2

Ⓘ 칼라 셔츠 大
원사이즈

사진 → p.23, 25
작은 칼라가 포인트인 심플한 칼라 셔츠입니다. 소매를 롤업하면 귀여운 느낌이 더해집니다. 턱 팬츠나 플리츠 스커트 같은 깔끔한 느낌의 아이템과 함께 코디하는 것을 추천합니다.
코디 아이템 : 하프팬츠 (k패턴에서 기장을 줄여 사용)

실물크기 패턴 2면(뒤) ⓘ앞몸판, ⓘ뒷몸판, ⓘ소매, ⓘ칼라, ⓘ칼라받침, ⓘ앞주머니

재료　겉감 = 110cm폭×180cm(사이즈 1)
　　　　　　　110cm폭×220cm(사이즈 2)

　　　　　(사이즈 1·2동일)
　　　　　접착심(소잉심지) = 90cm폭×70cm
　　　　　단추 = 지름1.1cm 7개

원단 고르는 포인트
코튼 쉬팅을 사용했습니다. 실크나 텐셀 등 차분한 느낌의 소재로 만들면 성숙한 스타일이 완성됩니다.

제작 순서(①,③~⑤,⑧~⑪→그림 참고)
① 소매 밑단은 1cm/2cm, 주머니 입구는 1cm/2.5cm, 앞몸판 앞끝은 1cm/2.5cm로 두 번 접어 다리고, 몸판 밑단은 두꺼운 종이의 패턴을 사용하여 0.5cm/0.5cm로 두 번 접어 다린다.
② 앞주머니를 만들어 몸판에 단다.(p.38 ② 참고)
③ 몸판 뒷중심의 턱을 접는다.
④ 몸판의 앞끝을 상침한다.
⑤ 몸판의 어깨와 옆선을 봉합하고, 시접을 가름솔한다.
⑥ 소매를 만든다.(p.42 ⑤(ⓗ의 경우) 참고)
⑦ 몸판에 소매를 단다(p.43 ⑥·⑦(ⓗ의 경우) 참고)
⑧ 칼라를 만든다.
⑨ 몸판에 칼라를 단다.
⑩ 밑단을 두 번 접어 상침한다.
⑪ 단춧구멍을 만들고, 몸판에 단추를 단다.

사진 → p.22
원피스로도 활용 가능한 셔츠입니다. 단추를 풀고 가볍게 걸쳐 입어도 멋스러우며, 더블로 만든 소매는 접거나 펼쳐 자유롭게 연출해 보세요.

실물크기 패턴 1면(앞) Ⓘ앞몸판, Ⓘ뒷몸판, Ⓘ소매, Ⓘ앞주머니
실물크기 패턴 2면(앞) Ⓘ주머니
실물크기 패턴 2면(뒤) Ⓘ칼라, Ⓘ칼라받침

재료　겉감 = 110cm폭×280cm
　　　　　접착심(소잉심지) = 90cm폭×100cm
　　　　　소잉테이프 심지 = 1.2cm폭×35cm
　　　　　단추 = 지름1.1cm 9개

원단 고르는 포인트
40수 고밀도 면 원단을 사용했습니다. ⓘ와 같은 실크나 텐셀 등 차분한 느낌의 소재로 만들면 성숙한 스타일이 완성됩니다.

제작 순서(⑥→그림 참고)
①~⑤, ⑦~⑪은 ⓘ와 동일.
※①과정에서, 소매는 2겹이기 때문에 소매 밑단은 접지 않는다.
※⑤과정에서, 옆선을 봉합할 때, p.39~40 ⑤(Ⓐ의 경우) 참고하여 주머니를 만든다.
⑥소매를 만들어(p.50 ⑥(Ⓘ의 경우) 참고)
　몸판에 단다(p.43 ⑥·⑦(ⓗ의 경우) 참고)

완성 사이즈 · 제작 순서
※( )안의 숫자는 사이즈입니다.

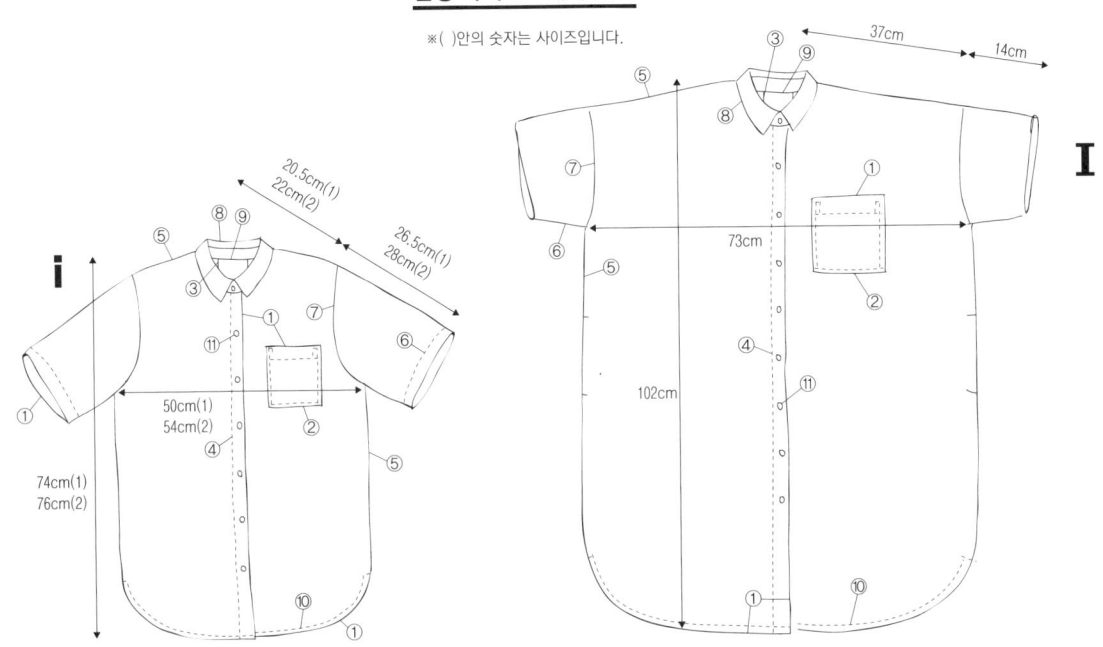

재단 배치도

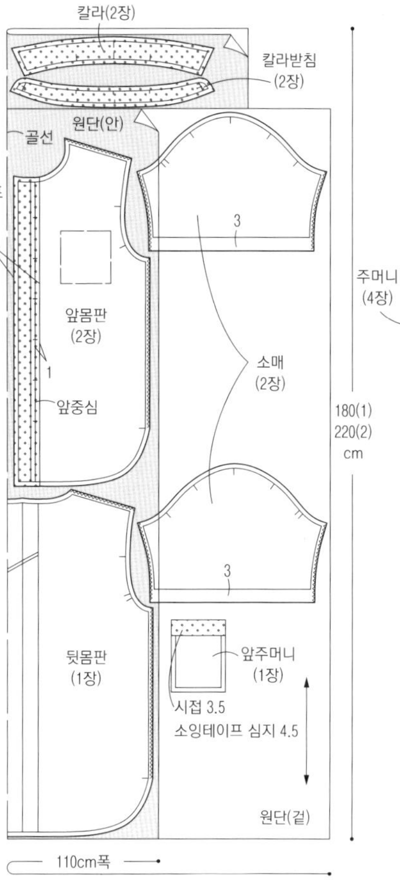

칼라(2장)

칼라받침
(2장)

골선

원단(안)

소잉
테이프
심지
6cm

앞몸판
(2장)

1

앞중심

소매
(2장)

3

소매
(2장)

3

뒷몸판
(1장)

앞주머니
(1장)

시접 3.5
소잉테이프 심지 4.5

원단(겉)

180(1)
220(2)
cm

← 110cm폭 →

i

시접 3.5
소잉테이프 심지 4.5

앞주머니
(1장)

칼라(2장)

칼라받침(2장)

골선

소매
(2장)

주머니
(4장)

앞몸판
(2장)

1

앞중심

안쪽면에
소잉테이프
심지를
붙인다

소잉
테이프
심지
6cm

뒷몸판
(1장)

280
cm

원단
(안)

← 110cm폭 →

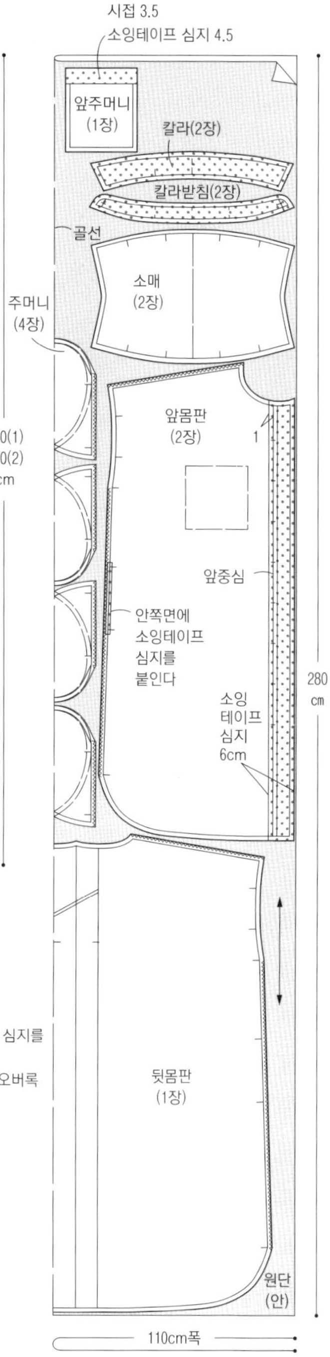

I

* 지정 이외의 시접 1cm.
* ▨ 는 안쪽면에 접착심(소잉심지), 소잉테이프 심지를
  붙인다
* ∿∿∿∿ 는 맞춰 봉합하기 전에 지그재그봉제 또는 오버록
  처리한다

제작 방법

앞몸판(안)   앞끝

0.3

❶큰 땀으로 봉합한다

❷두 번 접어
다린다

0.5cm폭으로
접어 다린다

앞끝

❸양 끝의 실을 잡아당겨
자연스럽게 시접이
0.5cm정도 접히도록 한다

앞끝

앞몸판(안)

❺큰 땀으로 봉합한 실을
양쪽으로 잡아당긴 후,
완성선에 맞춰 접어 다린다

❹두꺼운 종이로
패턴을 만든다

0.5

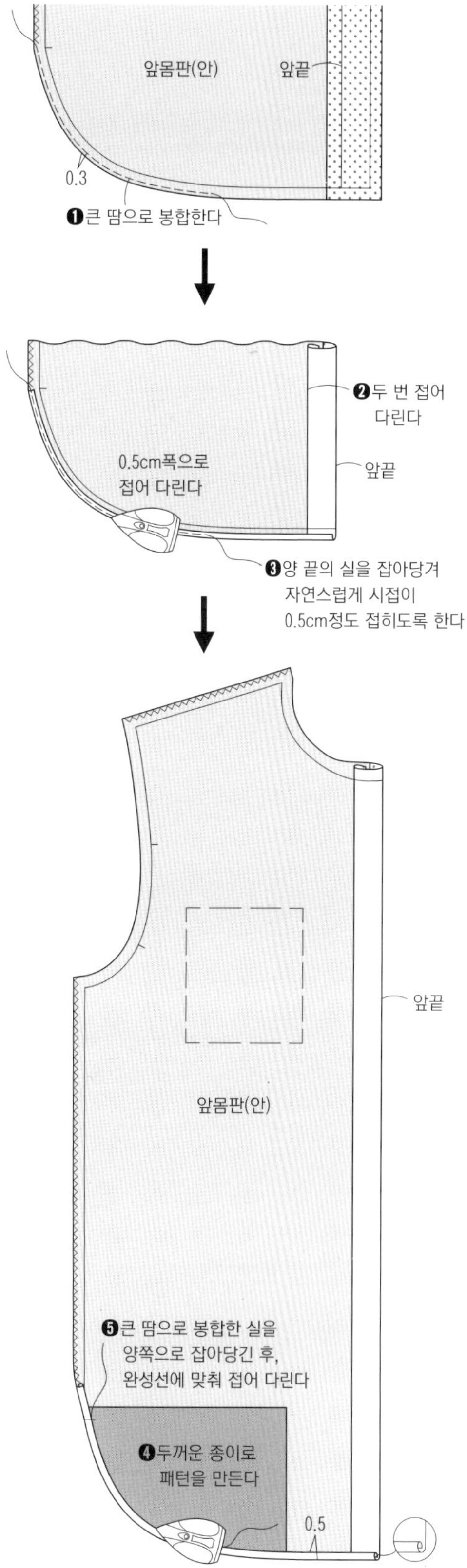

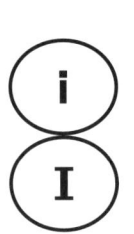

③

❶뒷몸판을 반으로 접어 중심을 봉합한다

봉합 끝점

뒷몸판 (안)

❸시침질로 임시고정한다

❷턱을 접고, 중간 부분까지 다림질한다

뒷몸판 (겉)

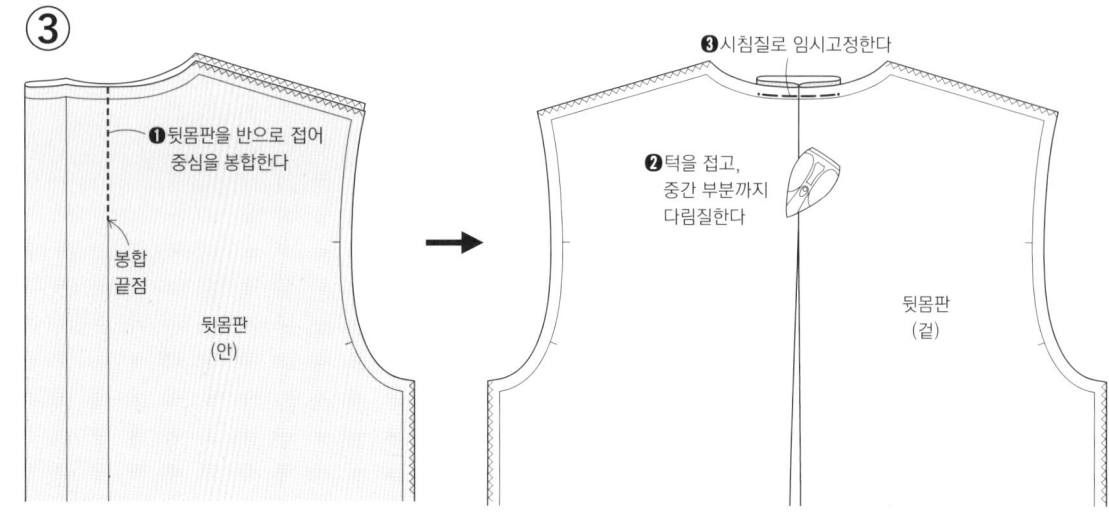

④·⑤

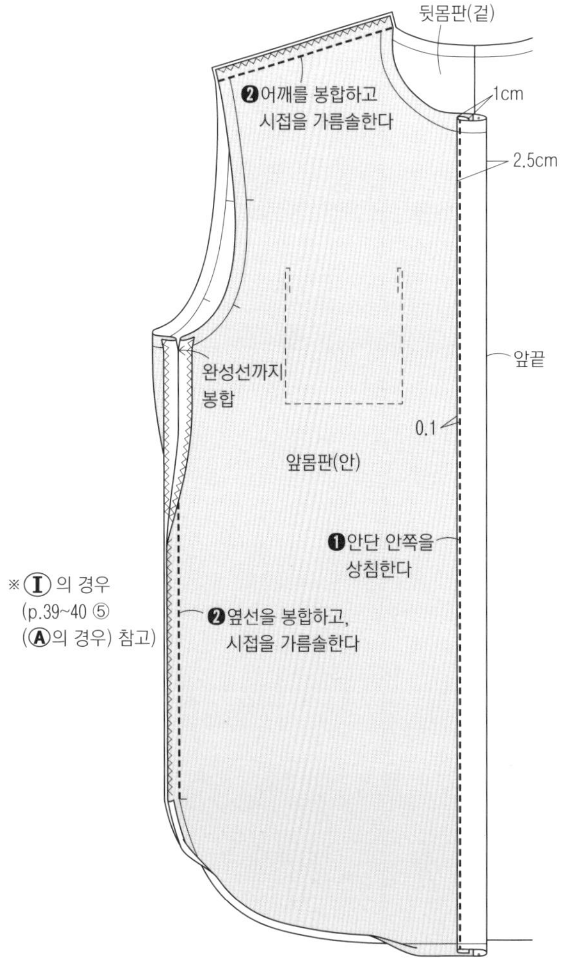

뒷몸판(겉)

❷어깨를 봉합하고 시접을 가름솔한다

1cm

2.5cm

앞끝

완성선까지 봉합

0.1

앞몸판(안)

❶안단 안쪽을 상침한다

※ **I** 의 경우
(p.39~40 ⑤
(**A** 의 경우) 참고)

❷옆선을 봉합하고, 시접을 가름솔한다

⑥ (**I** 의 경우)

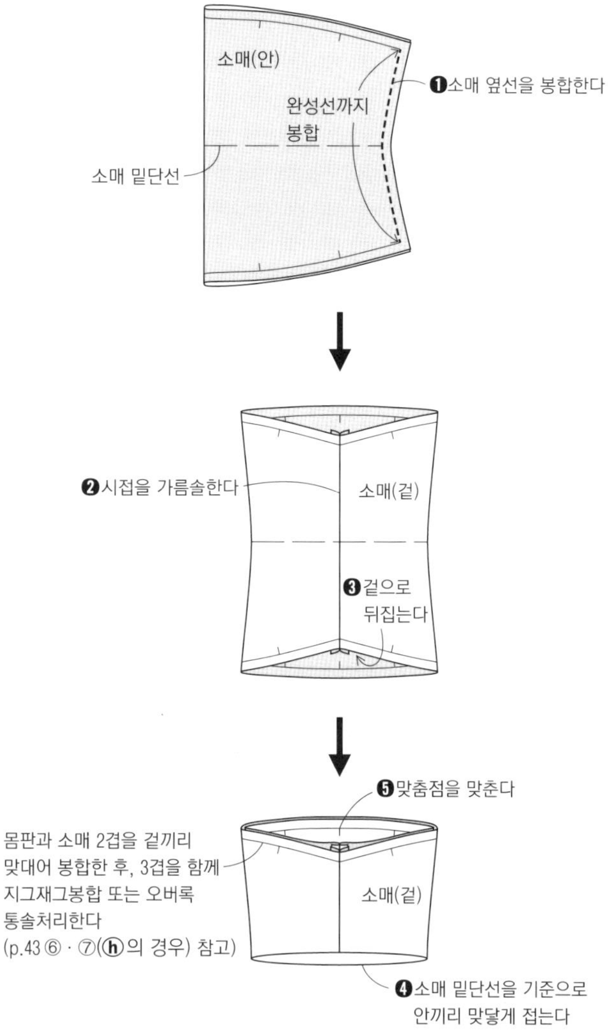

소매(안)

완성선까지 봉합

❶소매 옆선을 봉합한다

소매 밑단선

❷시접을 가름솔한다

소매(겉)

❸겉으로 뒤집는다

몸판과 소매 2겹을 겉끼리 맞대어 봉합한 후, 3겹을 함께 지그재그봉합 또는 오버록 통솔처리한다
(p.43 ⑥·⑦(**h** 의 경우) 참고)

❺맞춤점을 맞춘다

소매(겉)

❹소매 밑단선을 기준으로 안끼리 맞닿게 접는다

⑧

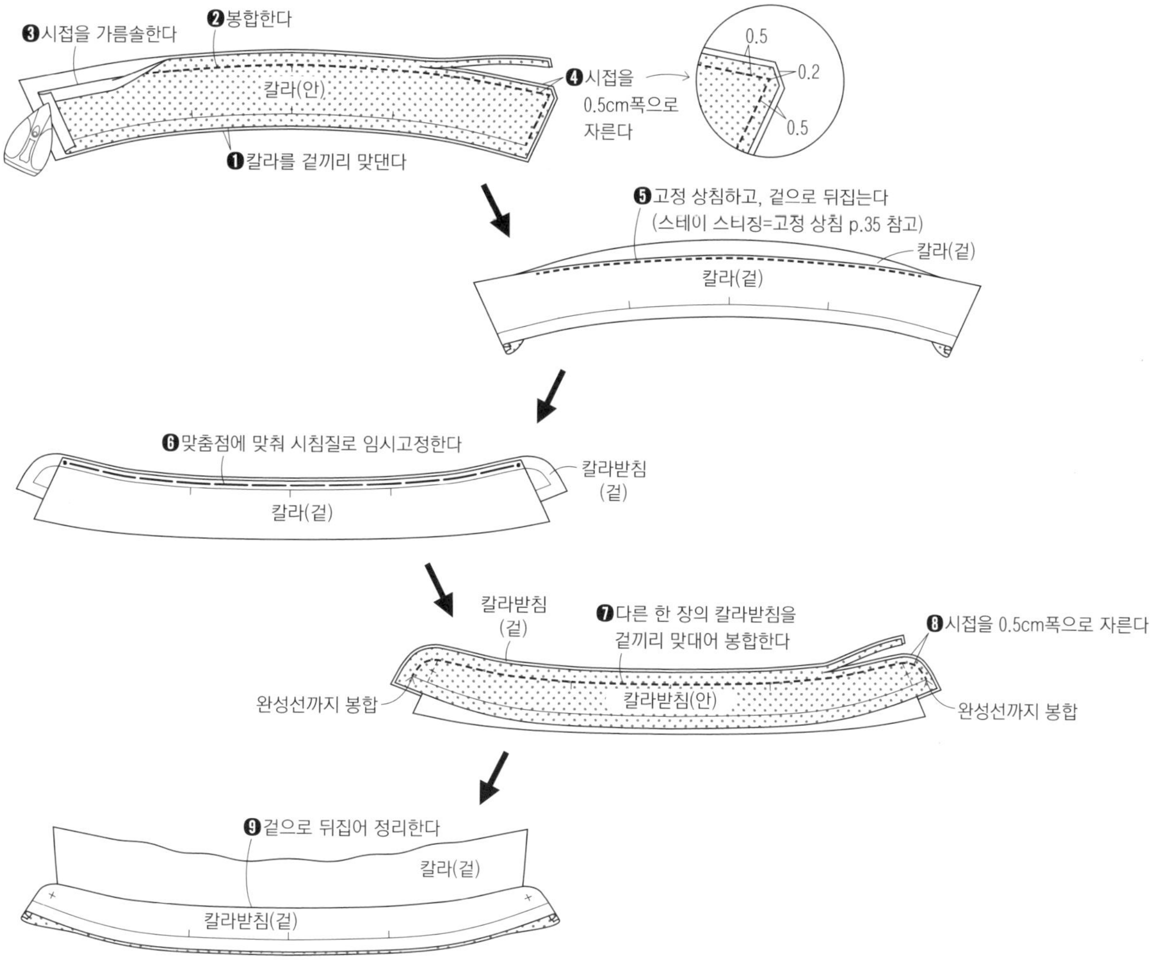

❸시접을 가름솔한다   ❷봉합한다

칼라(안)

❹시접을 0.5cm폭으로 자른다

0.5
0.2
0.5

❶칼라를 겉끼리 맞댄다

❺고정 상침하고, 겉으로 뒤집는다
(스테이 스티칭=고정 상침 p.35 참고)

칼라(겉)

칼라(겉)

❻맞춤점에 맞춰 시침질로 임시고정한다

칼라받침
(겉)

칼라(겉)

칼라받침
(겉)

❼다른 한 장의 칼라받침을
겉끼리 맞대어 봉합한다

❽시접을 0.5cm폭으로 자른다

완성선까지 봉합

칼라받침(안)

완성선까지 봉합

❾겉으로 뒤집어 정리한다

칼라(겉)

칼라받침(겉)

⑨

❶칼라에 스테이 스티칭한 쪽의
칼라받침(겉칼라받침)을
몸판에 겉끼리 맞대어 봉합한다

칼라받침(안)

칼라(겉)

왼쪽
앞몸판
(겉)

뒷몸판
(겉)

오른쪽
앞몸판
(겉)

❷시접에 가윗집을 주고, 칼라받침으로
시접을 감싼다

칼라(겉)

칼라받침
(안)

오른쪽 앞몸판
(안)

뒷몸판
(안)

왼쪽 앞몸판
(안)

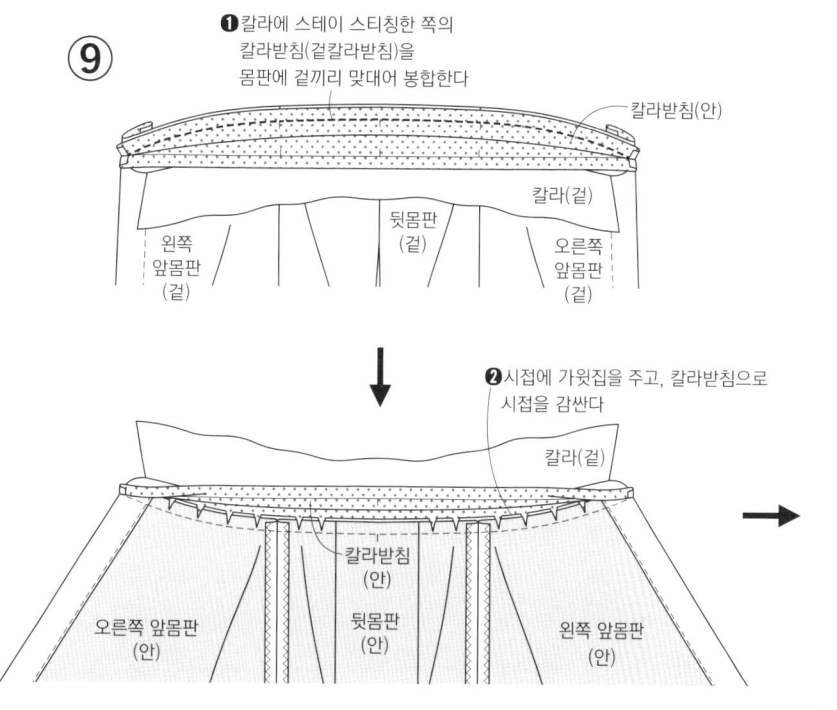

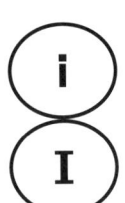

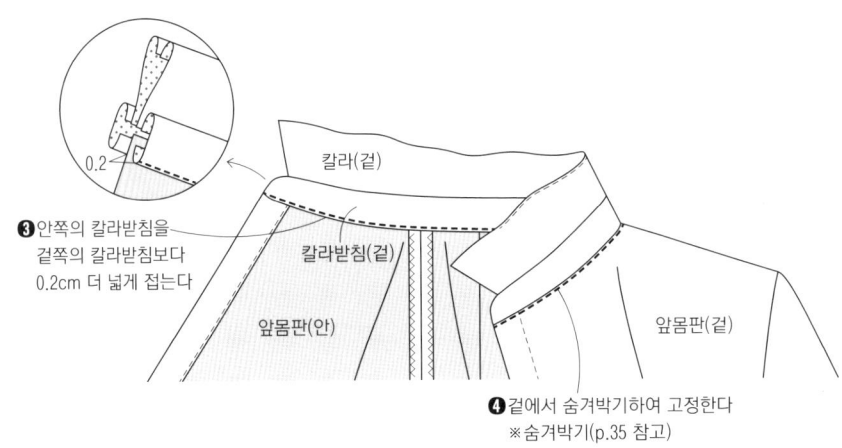

0.2

칼라(겉)

❸안쪽의 칼라받침을
겉쪽의 칼라받침보다
0.2cm 더 넓게 접는다

칼라받침(겉)

앞몸판(안)

앞몸판(겉)

❹겉에서 숨겨박기하여 고정한다
※숨겨박기(p.35 참고)

⑩ · ⑪

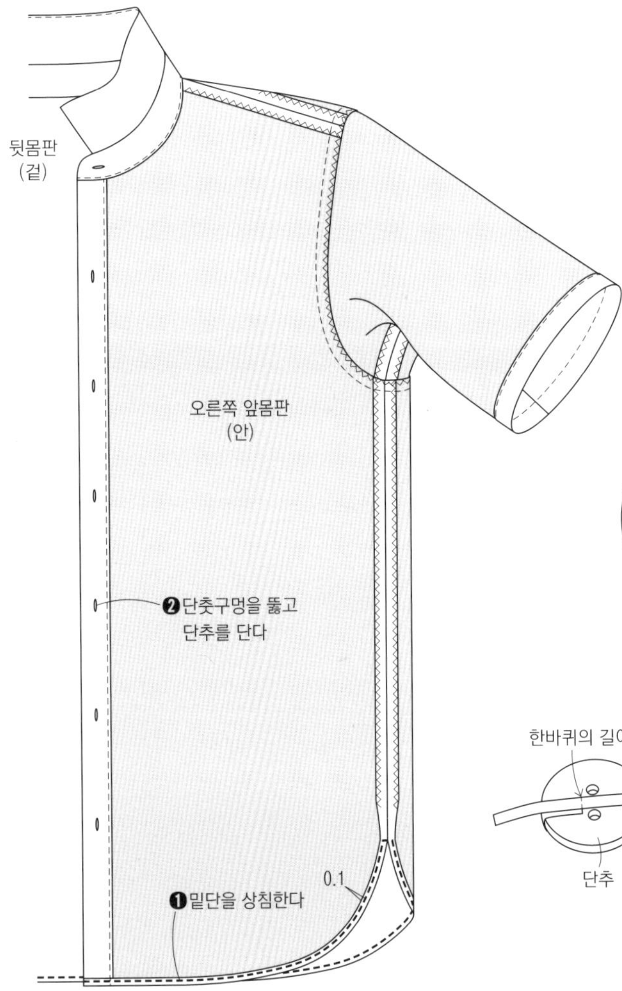

뒷몸판
(겉)

오른쪽 앞몸판
(안)

❷단춧구멍을 뚫고
단추를 단다

❶밑단을 상침한다

0.1

단춧구멍과 단추의 위치

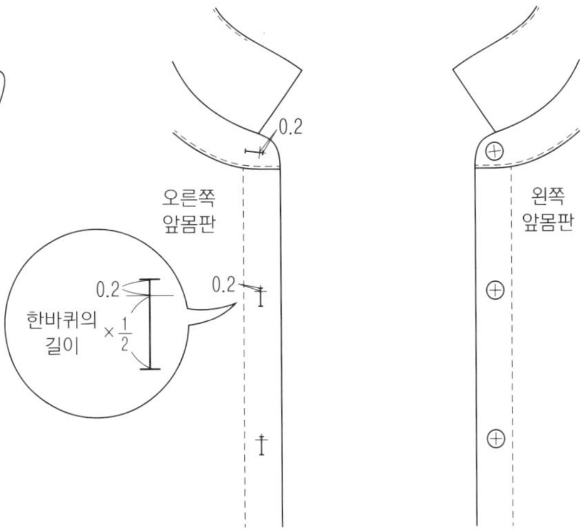

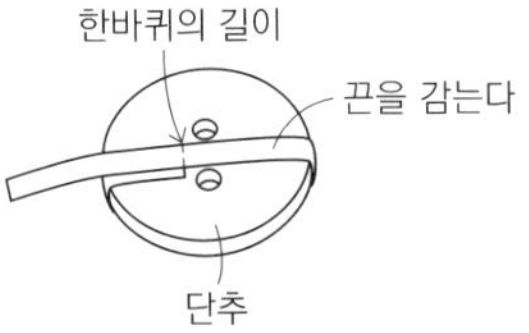

0.2

오른쪽
앞몸판

왼쪽
앞몸판

한바퀴의
길이 × $\frac{1}{2}$

0.2

0.2

한바퀴의 길이

끈을 감는다

단추

· 왼쪽 앞몸판의 +표시에 단추를 단다.
· 오른쪽 앞몸판에 단춧구멍을 뚫는다.
  가로로 뚫는 것이 가장 일반적이지만, 안단이나
  슬리브 플래킷은 세로로 뚫는다.
  단춧구멍의 길이는 단추에 끈을 감아서 잰 둘레의
  길이에 ½을 곱한 후, 여유분 0.2cm를 더한 치수로
  한다.(왼쪽의 그림 참고)

 재킷 小

사이즈 1·2

 재킷 大

원사이즈

사진 → p.12

다트와 주머니가 없는 캐주얼한 스타일의 7부 소매 재킷입니다. 풍성한 스커트 또는 팬츠와 함께 매치하는 것을 추천합니다.

코디 아이템 : 반소매 티셔츠(**b**), 밴딩 배기 팬츠(**c**)

실물크기 패턴 2면(뒤) **d**앞몸판·앞안단(앞몸판, 앞안단 패턴이 합쳐진 패턴이기 때문에 각각 베껴 그린다), **d**뒷몸판, **d**소매, **d**칼라

재료(사이즈 1·2 동일)　겉감 = 110cm폭×200cm

　　　　　　　　　　　　접착심(소잉심지) = 90cm폭×70cm

　　　　　　　　　　　　단추 = 지름2.2cm 1개

원단 고르는 포인트

면 셔츠 원단을 사용했습니다. 신축성 있는 원단으로 만들면 카디건 대신 가볍게 착용할 수 있습니다.

제작 순서(⑤~⑨→그림 참고)

①몸판과 소매의 밑단을 1cm/4cm로 두 번 접어 다린다.

②몸판의 어깨와 옆선을 봉합하고, 시접을 가름솔한다.

　(p.50 ④·⑤참고)

③소매 옆선을 봉합하고, 시접을 가름솔한다.

　(p.42 ⑤(**h**)의 경우) 참고)

④몸판에 소매를 단다.(p.43 ⑥·⑦(**h**)의 경우)

⑤몸판과 안단에 각각 칼라를 단다.

⑥칼라 바깥둘레에서부터 앞끝을 봉합한다.

⑦칼라를 겉으로 뒤집어 정리하고, 뒷목둘레를 고정 봉합한다.

⑧안단 안쪽, 밑단, 소매 밑단을 공그르기 또는 상침하여 고정한다.

⑨단춧구멍을 만들고, 단추를 단다.(p.52 참고)

☆재단 배치도는 p.55

사진 → p.13

남자 코트를 걸친 듯한 오버 사이즈 재킷입니다. 소매를 접어 올리고 넉넉하게 입으면 귀여우면서도 매니시하게 연출할 수 있습니다.

코디 아이템 : 반소매 디셔츠(**b**), 밴딩 배기 팬츠(**c**)

실물크기 패턴 1면(뒤) **D**앞몸판·안단(앞몸판, 안단 패턴이 합쳐진 패턴이기 때문에 각각 베껴 그린다), **D**뒷몸판, **D**소매, **D**칼라, **D**앞주머니

※앞몸판과 뒷몸판 패턴은 위와 아래로 분리되어 있으므로 맞춤점을 연결하여 베낍니다.

　(p.55 재단 배치도 참고)

재료　겉감 = 110cm폭×370cm

　　　　접착심(소잉심지) = 90cm폭×120cm

　　　　단추 = 지름2.5cm 1개

원단 고르는 포인트

면 셔츠 원단을 사용하여 봄에 입기 좋은 코트를 만들었습니다. 블랙 컬러의 레이온 소재로 만들면 성숙한 느낌으로, 얇은 울 소재로 만들면 가을에 입기 좋은 코트가 완성됩니다. 처음 만들 때에는 다루기 쉽도록 적당한 두께의 소재를 고릅니다.

제작 순서

①몸판과 소매의 밑단을 1cm/5cm, 앞주머니 입구는 1cm/4.5cm로 두 번 접어 다린다.

②몸판에 앞주머니를 단다.(p.38 ② 참고)

　안단 안쪽을 상침하여 고정하는 경우에는 앞주머니를 마지막에 단다.

③몸판의 어깨를 봉합하고, 가름솔한다.(p.42 ④ 참고)

④몸판에 소매를 달고, 몸판과 소매의 옆선을 한 번에 이어서 봉합한 후, 시접을 가름솔한다.

　(p.43 ⑤·⑥·⑦(**H**의 경우) 참고)

⑤~⑨는 **d**와 동일.

☆재단 배치도는 p.55

완성 사이즈 · 제작 순서

※( )안의 숫자는 사이즈입니다.

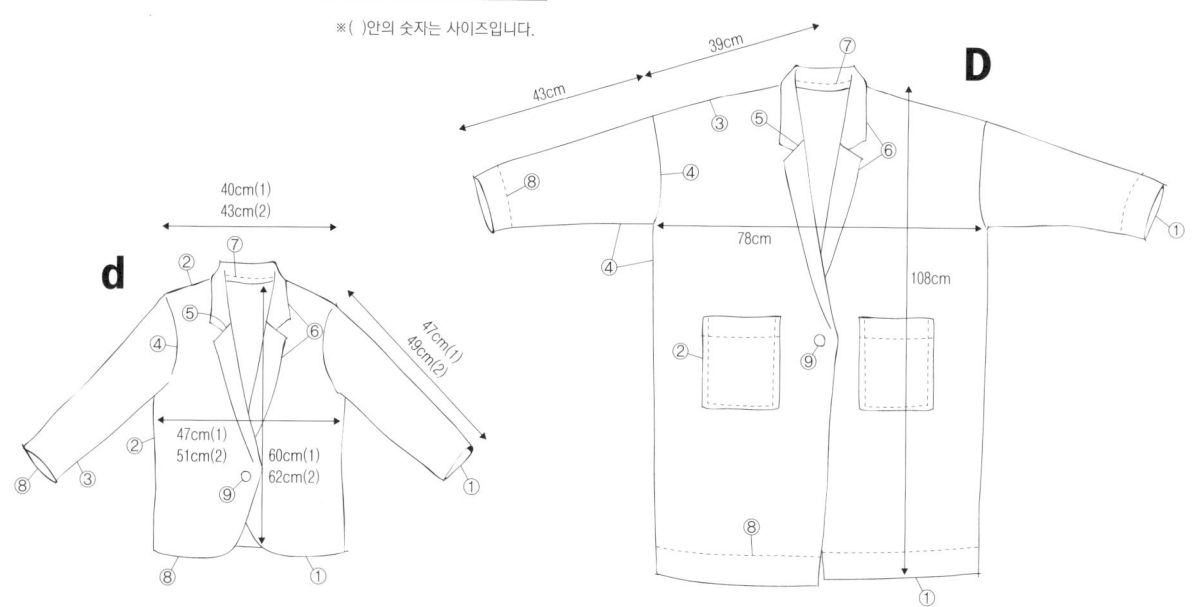

제작 방법

⑤ · ⑥

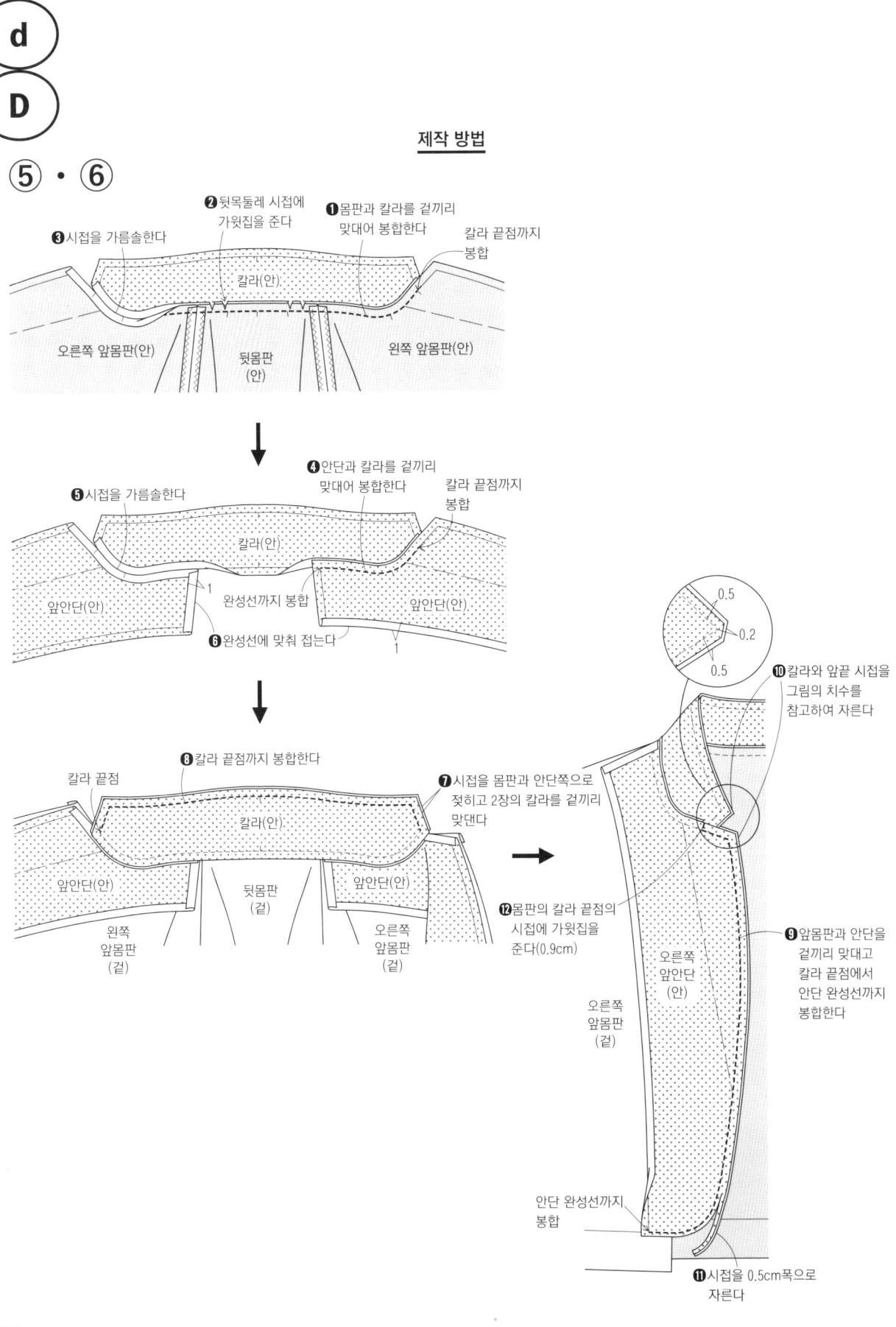

❶ 몸판과 칼라를 겉끼리 맞대어 봉합한다
칼라 끝점까지 봉합

❷ 뒷목둘레 시접에 가윗집을 준다

❸ 시접을 가름솔한다

칼라(안)

오른쪽 앞몸판(안)

뒷몸판(안)

왼쪽 앞몸판(안)

❹ 안단과 칼라를 겉끼리 맞대어 봉합한다
칼라 끝점까지 봉합

❺ 시접을 가름솔한다

칼라(안)

앞안단(안)

완성선까지 봉합

앞안단(안)

❻ 완성선에 맞춰 접는다

1

1

❽ 칼라 끝점까지 봉합한다

칼라 끝점

칼라(안)

앞안단(안)

뒷몸판(겉)

앞안단(안)

왼쪽 앞몸판(겉)

오른쪽 앞몸판(겉)

❼ 시접을 몸판과 안단쪽으로 젖히고 2장의 칼라를 겉끼리 맞댄다

0.5

0.2

0.5

❿ 칼라와 앞끝 시접을 그림의 치수를 참고하여 자른다

❷ 몸판의 칼라 끝점의 시접에 가윗집을 준다(0.9cm)

오른쪽 앞안단(안)

오른쪽 앞몸판(겉)

❾ 앞몸판과 안단을 겉끼리 맞대고 칼라 끝점에서 안단 완성선까지 봉합한다

안단 완성선까지 봉합

⓫ 시접을 0.5cm폭으로 자른다

⑦ · ⑧ · ⑨

❷칼라를 겉으로 뒤집어
완성 형태로 정리한다

겉칼라
(겉)

❶안칼라에
스테이 스티칭을 한다

※스테이 스티칭=고정 상침
(p.35 참고)

안칼라
(겉)

❸안단과 칼라를
몸판에 시침핀으로
임시고정한다

❹시침질하여
임시고정한다

앞몸판
(겉)

❺안쪽 칼라의 시접을
0.2cm 더 넓게 접는다

❼

❻겉에서 숨겨박기로
고정 봉합한다
※숨겨박기(p.35 참고)

앞안단
(겉)

❽시침질과 시침핀을 제거한다

왼쪽
앞몸판
(안)

❼안단 안쪽과 어깨, 밑단과
소매 안단 시접을 공그르기
한다

❾단춧구멍을 뚫고,
단추를 단다

※공그르기(p.35 참고)

골선

뒷몸판
(1장)

5

칼라(2장)

소매
(2장)

5

앞안단
(2장)

앞몸판
(2장)

5

원단
(안)

골선

200
cm

110cm폭

d

* 지정 이외의 시접 1cm.
* ⋮⋮⋮⋮ 는 안쪽면에 접착심(소잉심지)을
붙인다
* ∿∿∿∿ 는 맞춰 봉합하기 전에
지그재그봉제 또는 오버록 처리한다

골선

칼라(2장)

앞안단
(2장)

소매
(2장)

6

6

골선

앞몸판
(2장)

(위)
(아래)
위·아래 패턴을
맞춤점에 맞춘다

6

370
cm

원단
(안)

골선

골선

뒷몸판
(1장)

앞주머니
(2장)

(위)
(아래)
위·아래 패턴을
맞춤점에 맞춘다

5.5

5.5

6

D

110cm폭

55

 **후드 티셔츠 小**
사이즈 1 · 2

 후드 판쵸 大
원사이즈

사진 → p.18
스포티한 스타일의 후드 티셔츠입니다. 몸판과 소매 밑단은 고무줄을 넣어 활동하기 편하게 만들었습니다. 스커트와 함께 매치하여 캐주얼한 스타일을 완성해 보세요.
코디 아이템 : 하프팬츠(c패턴에서 기장을 줄여 사용)

실물크기 패턴 2면(앞)　**g**앞몸판, **g**뒷몸판, **g**소매, **g**후드, **g**후드 안단,
　　　　　　　　　　　　g앞주머니, **g**플랩

재료　겉감 = 110cm폭×220cm(사이즈 1)
　　　　　　 110cm폭×240cm(사이즈 2)

　　　　(사이즈 1·2동일)
　　　　접착심(소잉심지) = 25×75cm
　　　　고무줄 = 1.5cm폭×110cm~120cm

원단 고르는 포인트
100% 폴리에스테르 윈드브레이커 느낌의 원단을 사용했습니다. 중간 두께의 코튼을 사용하여 빈티지 느낌의 점퍼처럼 만들어도 좋습니다.

제작 순서(①,④,⑦~⑨→그림 참고)
①앞몸판 후드 다는 위치의 모서리를 정리한다.
②소매 밑단은 1cm/1.5cm, 몸판 밑단은 1cm/2cm, 앞주머니 입구는 1cm/2.5cm로 두 번 접어 다리고, 후드 안단 안쪽은 완성선에 맞춰 접어 다린다.
③몸판에 앞주머니를 만들어 단다(p.38 ② 참고).
④몸판에 플랩을 만들어 단다.
⑤몸판의 어깨와 옆선을 봉합하고, 시접을 가름솔한다(p.50 ④·⑤ 참고).
⑥소매 옆선을 봉합하고 시접을 가름솔한 후, 몸판에 소매를 단다 (p.42~43 ⑤,⑥·⑦(**h**의 경우) 참고).
⑦후드를 만든다.
⑧몸판에 후드를 단다.
⑨몸판과 소매의 밑단을 두 번 접어 상침한 후, 고무줄을 끼워 넣는다(p.75 ⑤ 참고).

만드는 방법 포인트
앞몸판 후드 다는 위치의 모서리를 미리 얇은 원단(안감이나 무명천)을 덧대어 정리해두면 편하고 깔끔하게 봉합할 수 있습니다. 소잉에 익숙해진 분이라면 모서리에 접착심(소잉심지)을 붙이고, 가윗집을 주면서 봉합하면 빠르게 제작할 수 있습니다.

사진 → p.19
후드 디테일은 그대로 살리고, 판쵸처럼 변형하여 만들었습니다. 타이트 스커트와 함께 매치하여 여성스러움을 더해주거나, 스웨트 팬츠 또는 니트 모자와 함께 매치하여 보이시하게 연출해도 좋습니다.
코디 아이템 : 하프팬츠(c패턴에서 기장을 줄여 사용)

실물크기 패턴 1면(뒤)　**G**앞·뒤몸판(앞·뒤몸판 패턴이 합쳐진 패턴이기 때문에 각각 베껴 그린다), **G**소매 밑단 안단, **G**앞주머니, **G**플랩
실물크기 패턴 2면(앞)　**G**후드, **G**후드 안단, **G**주머니

재료　겉감 = 110cm폭×290cm
　　　　접착심(소잉심지) = 40cm폭×80cm
　　　　소잉테이프 심지 = 1.2cm폭×35cm

원단 고르는 포인트
얇고 신축성이 있는 코튼을 사용했습니다. 얇은 멜턴이나 울 원단을 사용하여 겨울에 입기 좋은 아우터로 만드는 것도 추천합니다.

제작 순서(⑤,⑥→그림 참고)
①,③,④는 **g**와 동일.
②앞주머니 입구와 밑단을 1cm/3cm로 두 번 접어 다리고, 후드 안단 안쪽은 완성선에 맞춰 접어 다린다.
⑤몸판의 어깨를 봉합하고 가름솔한 후, 몸판에 소매 밑단 안단을 단다.
⑥몸판에 주머니를 달고, 옆선을 봉합하여 가름솔한 후, 안단을 정리한다. 주머니 만드는 방법(p.39~40 ⑤(**A**의 경우) 참고).
⑦~⑧은 **g**와 동일.
⑨몸판의 밑단을 두 번 접어 상침한다.

완성 사이즈 · 제작 순서
※( )안의 숫자는 사이즈입니다.

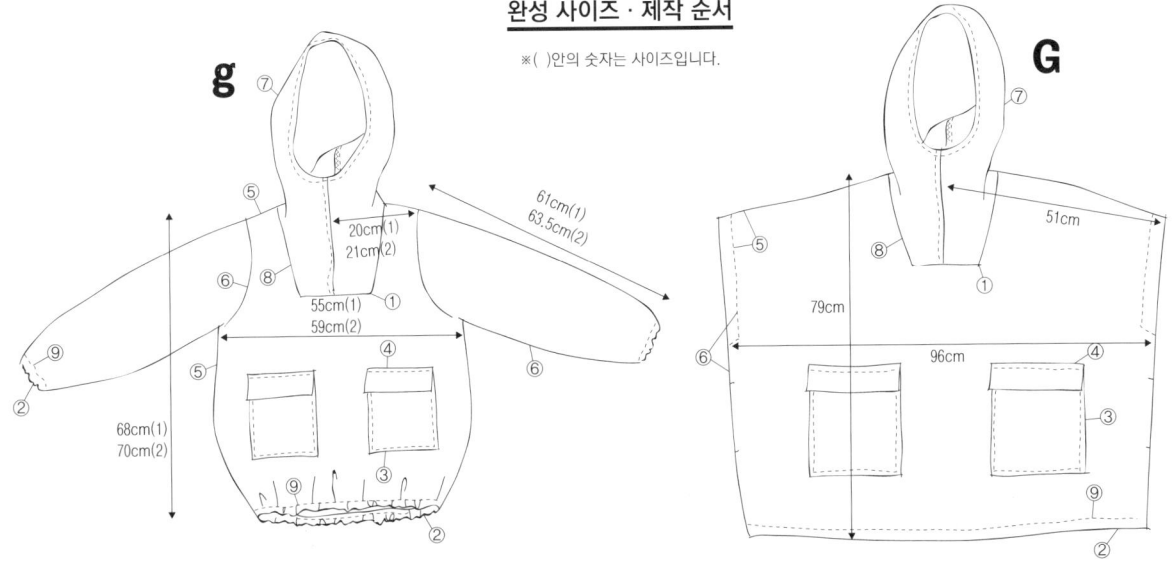

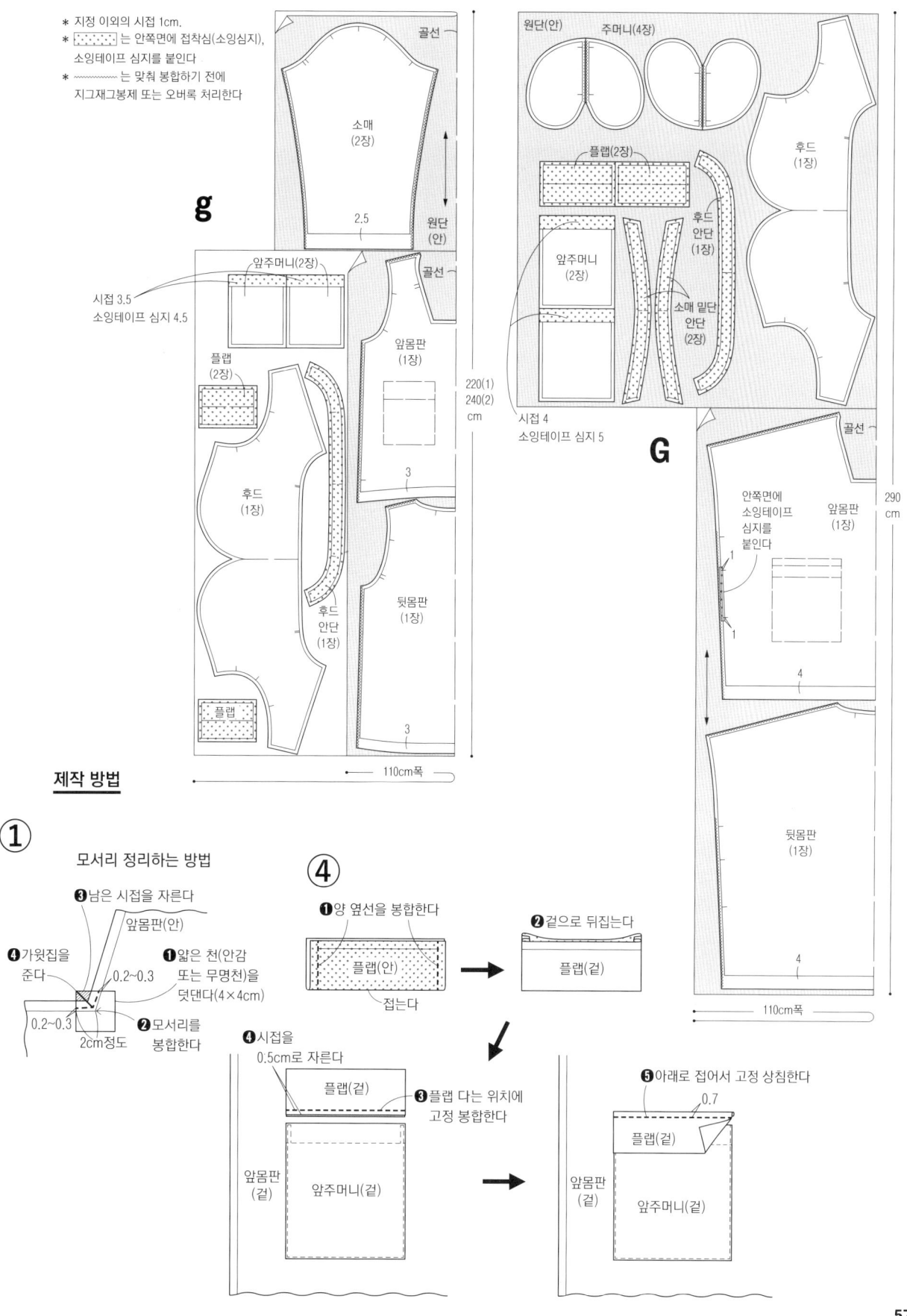

* 지정 이외의 시접 1cm.
* [┄┄┄] 는 안쪽면에 접착심(소잉심지),
  소잉테이프 심지를 붙인다
* ∿∿∿ 는 맞춰 봉합하기 전에
  지그재그봉제 또는 오버록 처리한다

g

소매
(2장)

2.5

골선
원단
(안)

원단(안)   주머니(4장)

플랩(2장)

후드
(1장)

앞주머니
(2장)

후드
안단
(1장)

소매 밑단
안단
(2장)

시접 4
소잉테이프 심지 5

G

앞주머니(2장)

시접 3.5
소잉테이프 심지 4.5

골선

플랩
(2장)

앞몸판
(1장)

220(1)
240(2)
cm

후드
(1장)

후드
안단
(1장)

뒷몸판
(1장)

3

3

플랩

110cm폭

안쪽면에
소잉테이프
심지를
붙인다

앞몸판
(1장)

1

1

4

290
cm

골선

뒷몸판
(1장)

4

110cm폭

제작 방법

① 모서리 정리하는 방법

❸남은 시접을 자른다

앞몸판(안)

❹가윗집을
준다

0.2~0.3

0.2~0.3

2cm정도

❶얇은 천(안감
또는 무명천)을
덧댄다(4×4cm)

❷모서리를
봉합한다

④

❶양 옆선을 봉합한다

플랩(안)

접는다

❷겉으로 뒤집는다

플랩(겉)

❹시접을
0.5cm로 자른다

플랩(겉)

❸플랩 다는 위치에
고정 봉합한다

앞몸판
(겉)

앞주머니(겉)

❺아래로 접어서 고정 상침한다

0.7

플랩(겉)

앞몸판
(겉)

앞주머니(겉)

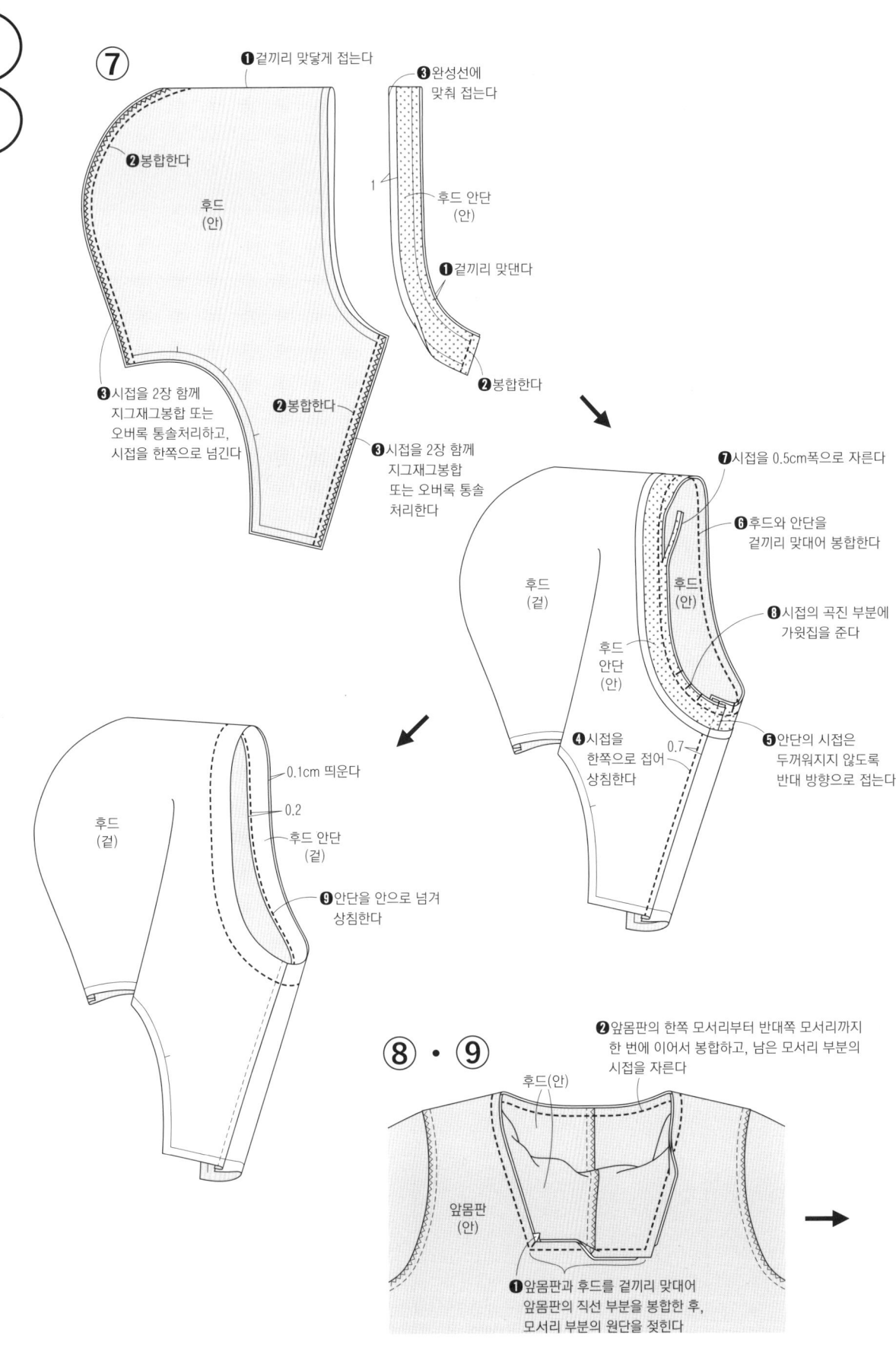

g
G

⑦

❶ 겉끼리 맞닿게 접는다

❸ 완성선에 맞춰 접는다

❷ 봉합한다

후드
(안)

후드 안단
(안)

1

❶ 겉끼리 맞댄다

❸ 시접을 2장 함께 지그재그봉합 또는 오버록 통솔처리하고, 시접을 한쪽으로 넘긴다

❷ 봉합한다

❷ 봉합한다

❸ 시접을 2장 함께 지그재그봉합 또는 오버록 통솔 처리한다

❼ 시접을 0.5cm폭으로 자른다

❻ 후드와 안단을 겉끼리 맞대어 봉합한다

후드
(겉)

후드
(안)

후드
안단
(안)

❹ 시접을 한쪽으로 접어 상침한다

0.7

❽ 시접의 곡진 부분에 가윗집을 준다

❺ 안단의 시접은 두꺼워지지 않도록 반대 방향으로 접는다

0.1cm 띄운다

0.2

후드
(겉)

후드 안단
(겉)

❾ 안단을 안으로 넘겨 상침한다

⑧ · ⑨

후드(안)

❷ 앞몸판의 한쪽 모서리부터 반대쪽 모서리까지 한 번에 이어서 봉합하고, 남은 모서리 부분의 시접을 자른다

앞몸판
(안)

❶ 앞몸판과 후드를 겉끼리 맞대어 앞몸판의 직선 부분을 봉합한 후, 모서리 부분의 원단을 젖힌다

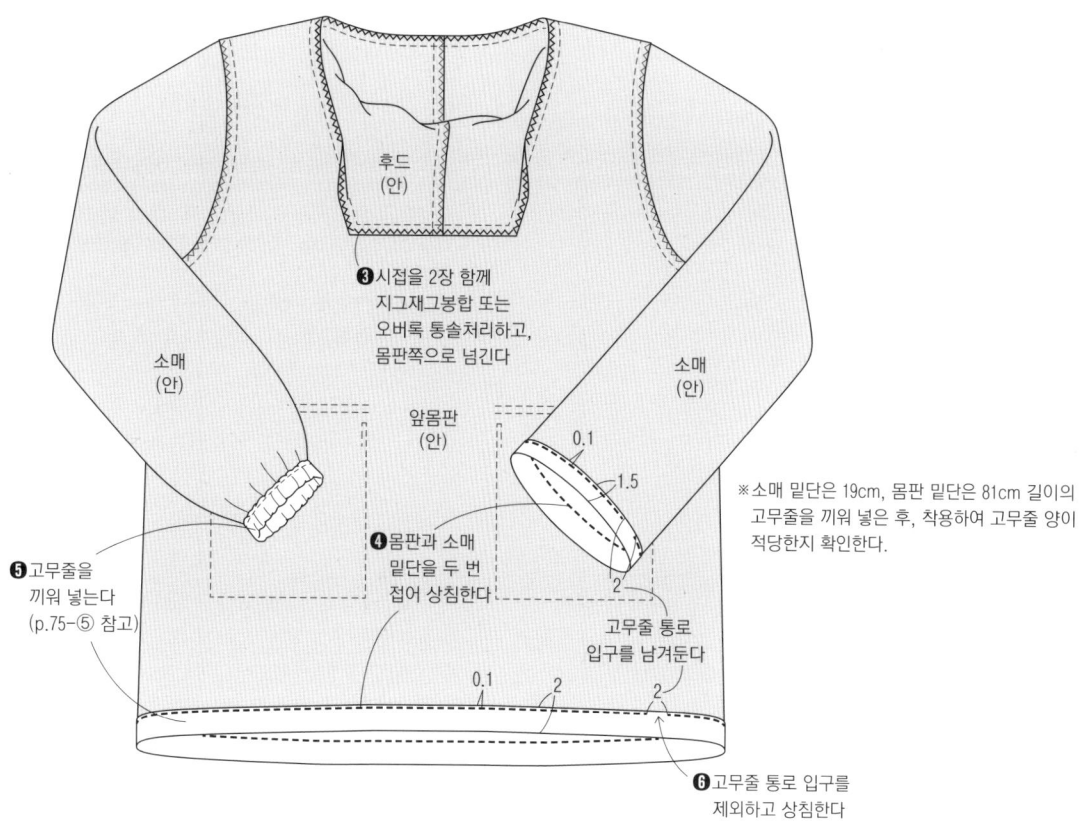

후드
(안)

❸시접을 2장 함께
지그재그봉합 또는
오버록 통솔처리하고,
몸판쪽으로 넘긴다

소매
(안)

소매
(안)

앞몸판
(안)

0.1

1.5

❺고무줄을
끼워 넣는다
(p.75-⑤ 참고)

❹몸판과 소매
밑단을 두 번
접어 상침한다

2

※소매 밑단은 19cm, 몸판 밑단은 81cm 길이의
고무줄을 끼워 넣은 후, 착용하여 고무줄 양이
적당한지 확인한다.

고무줄 통로
입구를 남겨둔다

0.1   2   2

❻고무줄 통로 입구를
제외하고 상침한다

⑤ ・ ⑥ (Ⓖ의 경우)

뒷몸판(겉)   ❷완성선에
            맞춰 접는다
                              1
소매 끝점   소매 밑단
                              안단(안)

❶어깨를 봉합하고
가름솔한다

❸소매 밑단 안단을
겉끼리 맞대어
봉합한다

앞몸판
(안)

소매
끝점

❹소매 밑단 안단을
안으로 접는다

소매 밑단 안단
(겉)

뒷몸판
(겉)

앞몸판
(안)

0.1cm 띄운다

소매
끝점

❻소매 밑단
안단을 젖힌다

❺주머니를
봉합한다
(p.39 ⑤(Ⓐ의
경우) 참고)

❼주머니 입구를
제외한 나머지
옆선을 봉합하고
가름솔한다

주머니
입구

주머니
(안)

❾안단 안쪽을
상침한다

소매 밑단
안단
(겉)

앞몸판
(안)

뒷몸판
(안)

소매 끝점을 2~3회
되돌아박기한다

❽주머니를 마무리한다
(p.40 참고)

3

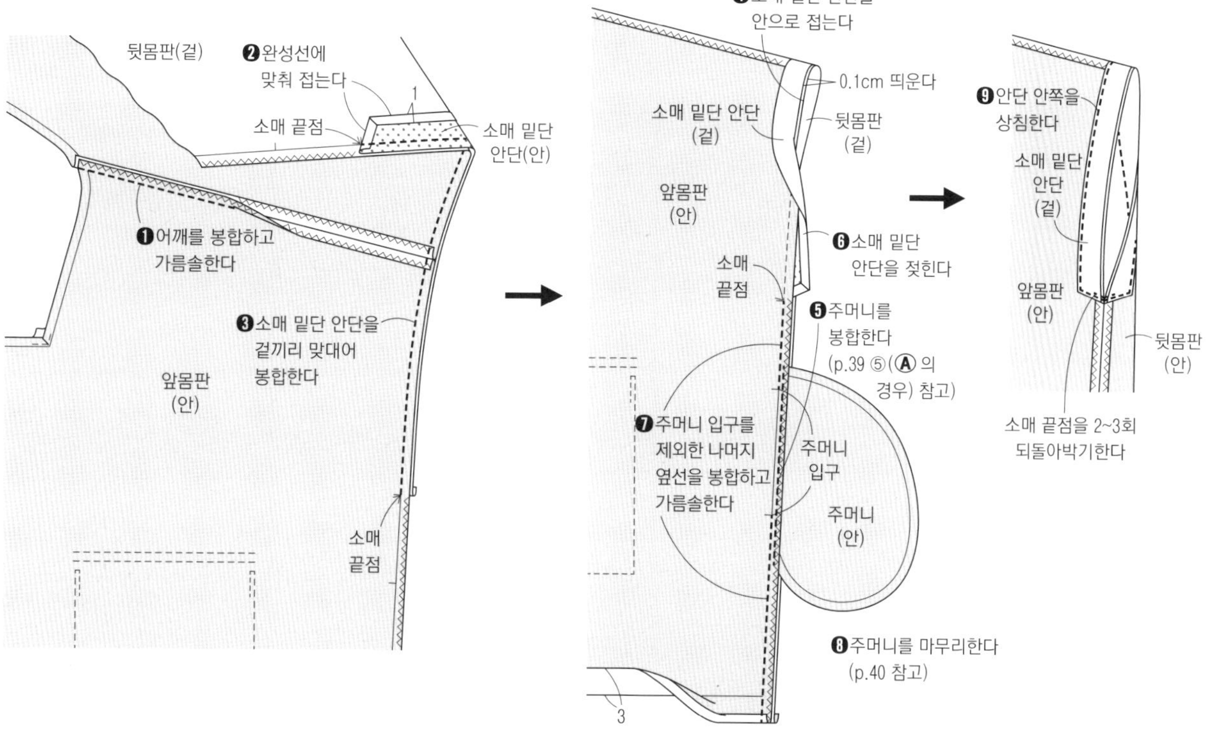

 **크루넥 블루종 小**

사이즈 1·2

 **크루넥 블루종 大**

원사이즈

사진 → p.31, 32
오버 실루엣의 심플한 숏 블루종입니다. 어른스러운 느낌의 팬츠, 타이트 스커트와 함께 매치하는 것을 추천합니다.
코디 아이템: V넥 풀오버(**a**), 턱 와이드 팬츠(**K**)

실물크기 패턴 2면(뒤) **L** 앞몸판·왼쪽 앞안단(앞몸판, 왼쪽 앞안단 패턴이 합쳐진 패턴이기 때문에 각각 베껴 그린다), **L** 뒷몸판, **L** 소매, **L** 오른쪽 앞안단, **L** 앞밑단 안단, **L** 뒤밑단 안단, **L** 뒤안단, **L** 커프스

재료 겉감 = 110cm폭×190cm(사이즈 1)
　　　　　　 110cm폭×200cm(사이즈 2)
　　　 배색천(립니트) = 40cm폭×15cm(사이즈 1·2동일)
　　　 접착심(소잉심지) = 90cm폭×60cm(사이즈 1·2동일)
　　　 소잉테이프 심지 = 1.2cm폭×95cm(사이즈 1·2동일)
　　　 점퍼 지퍼 = 45cm길이 1개(사이즈 1)
　　　　　　　　 47cm길이 1개(사이즈 2)

원단 고르는 포인트
신축성이 좋은 면 플란넬 원단을 사용했습니다. 실크나 텐셀 등 차분함이 느껴지는 얇은 소재로 만들면 어른스러운 느낌의 봄 아우터가 완성됩니다. 처음 만들 때에는 다루기 쉽도록 적당한 두께의 소재를 고릅니다.

제작 순서(①,③,⑤,⑥→그림 참고)
①몸판에 점퍼 지퍼를 위치에 맞춰 임시고정한다.
②몸판의 어깨와 안단의 어깨를 각각 봉합하고, 시접을 가름솔한다. (p.38 ③ 참고)
③몸판에 소매를 단다.
④몸판과 소매의 옆선을 한 번에 이어서 봉합하고(p.47 ③ 참고), 시접을 가름솔한다.
⑤왼쪽 앞몸판에 안단을 단다.
⑥목둘레에서 밑단까지 한 번에 이어서 봉합하고, 밑단을 정리한다.
⑦소매 밑단에 커프스를 만들어 단다. (p.47 ②,④ 참고)

만드는 방법 포인트
안단 패턴의 좌·우가 다르기 때문에 패턴의 겉·안쪽이 혼동되지 않도록 주의하여 재단합니다. 지퍼를 끼워 봉합할 때, 맞물리는 부분에는 두께감이 있어 일반 노루발로는 봉합하기 어려우므로 지퍼용 노루발을 사용하여 수월하게 봉합해보세요.

사진 → p.30
남성 사이즈와 비슷한 오버핏 블루종입니다. 슬림 팬츠, 스니커즈와 함께 매치하여 보이시한 스타일을 완성했습니다.
코디 아이템: 반소매 티셔츠(**b**), 턱 슬림 팬츠(**k**)

실물크기 패턴 1면(앞) **L** 앞·뒤몸판(앞·뒤몸판 패턴이 합쳐진 패턴이기 때문에 각각 베껴 그린다), **L** 소매, **L** 오른쪽 앞안단, **L** 왼쪽 앞안단
실물크기 패턴 2면(앞) **L** 주머니
실물크기 패턴 2면(뒤) **L** 뒤안단, **L** 커프스

재료 겉감 = 140cm폭×210cm
　　　 배색천(립니트) = 40cm폭×15cm
　　　 주머니감(손등쪽의 주머니용) = 40cm폭×30cm
　　　 접착심(소잉심지) = 90cm폭×105cm
　　　 소잉테이프 심지 = 1.2cm폭×215cm
　　　 점퍼 지퍼 = 63cm길이 1개

원단 고르는 포인트
얇은 울 원단을 사용했습니다. 중간 두께의 면 원단을 사용하여 워크 점퍼로 만드는 것도 좋습니다. 처음 만들 때에는 다루기 쉽도록 적당한 두께의 소재를 고릅니다.

제작 순서(⑥→그림 참고)
L 과 동일
※④과정에서, 옆선을 봉합할 때 주머니를 만들고 (p.43 **L** 주머니 만드는 방법 참고) 밑단은 시접을 접어 올려 공그르기한다.
※⑥과정에서, 오른쪽 앞안단 밑단에서부터 왼쪽 앞안단 밑단까지 한 번에 이어서 봉합한다.

완성 사이즈 · 제작 순서

※( )안의 숫자는 사이즈입니다.

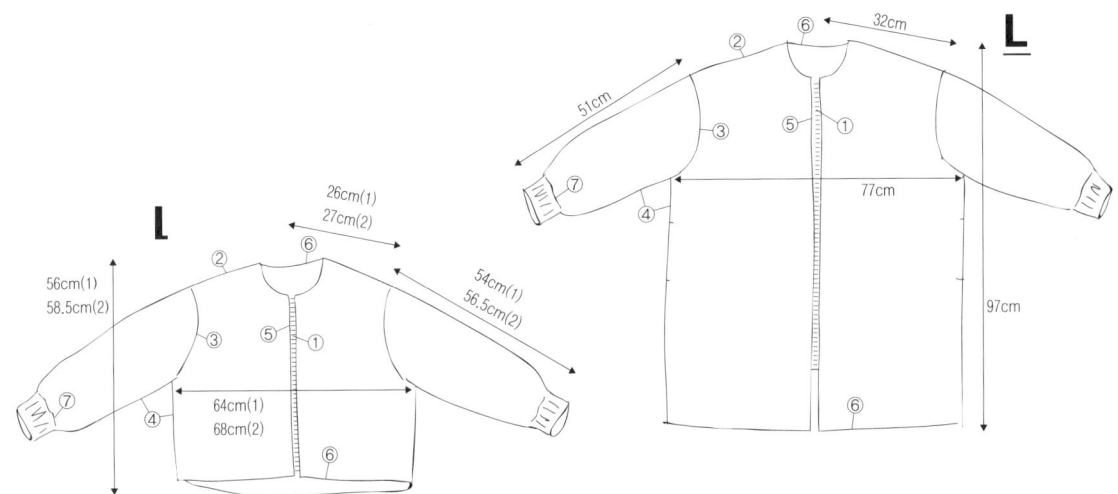

재단 배치도

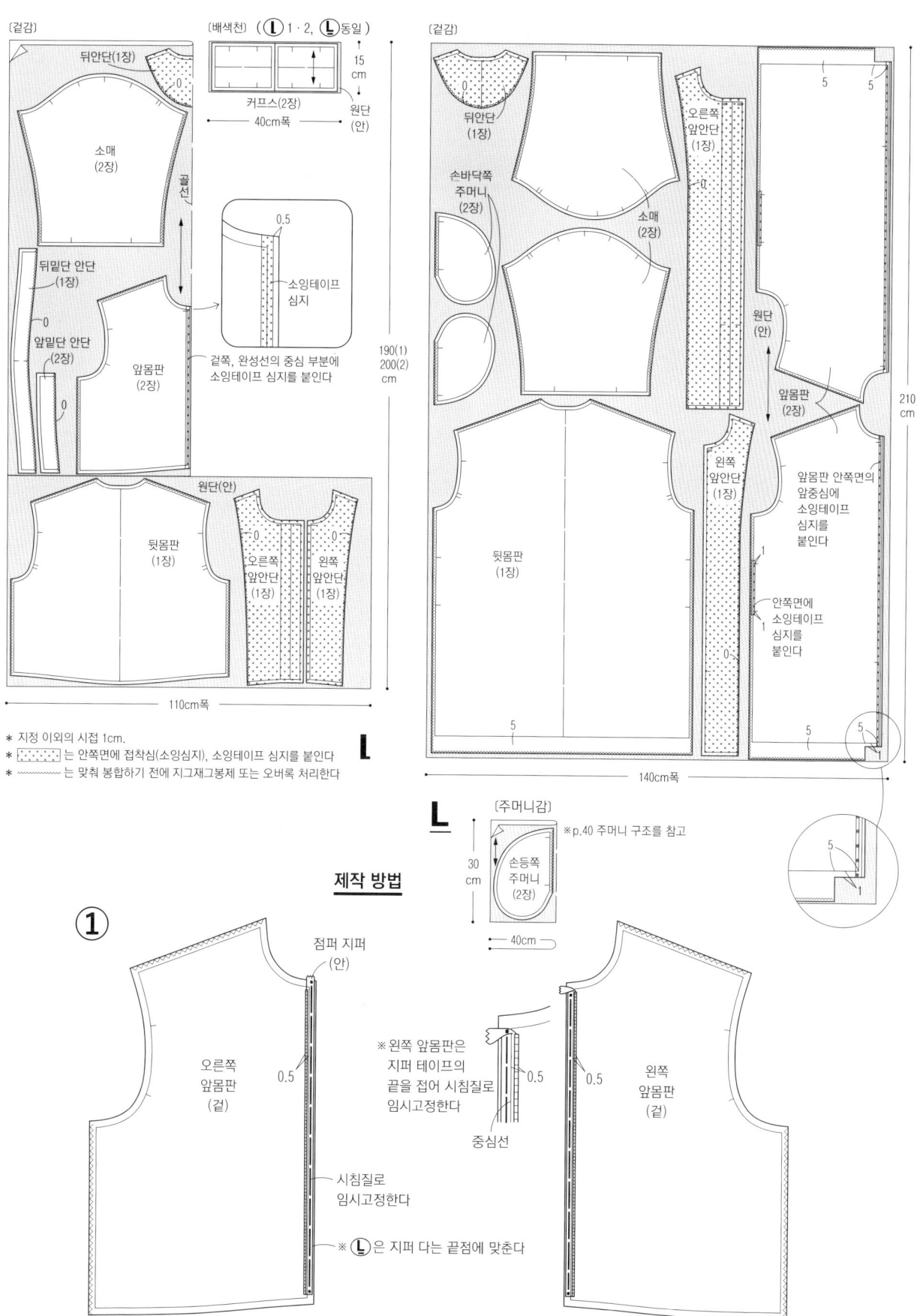

〔겉감〕

뒤안단(1장)

소매
(2장)

골선

뒤밑단 안단
(1장)

0

앞밑단 안단
(2장)

0

0

앞몸판
(2장)

〔배색천〕（**L**）1·2，（**L**）동일)

15
cm

커프스(2장)
40cm폭

원단
(안)

0.5

소잉테이프
심지

겉쪽, 완성선의 중심 부분에
소잉테이프 심지를 붙인다

190(1)
200(2)
cm

원단(안)

뒷몸판
(1장)

0

0

오른쪽
앞안단
(1장)

왼쪽
앞안단
(1장)

110cm폭

* 지정 이외의 시접 1cm.
* ⦂⦂⦂⦂ 는 안쪽면에 접착심(소잉심지), 소잉테이프 심지를 붙인다
* ∿∿∿ 는 맞춰 봉합하기 전에 지그재그봉제 또는 오버록 처리한다

L

〔겉감〕

뒤안단
(1장)

0

손바닥쪽
주머니
(2장)

소매
(2장)

오른쪽
앞안단
(1장)

0

원단
(안)

앞몸판
(2장)

뒷몸판
(1장)

왼쪽
앞안단
(1장)

0

5

5

5

5

5

5

1

1

앞몸판 안쪽면의
앞중심에
소잉테이프
심지를
붙인다

안쪽면에
소잉테이프
심지를
붙인다

210
cm

140cm폭

L

〔주머니감〕

30
cm

손등쪽
주머니
(2장)

40cm

※p.40 주머니 구조를 참고

제작 방법

①

오른쪽
앞몸판
(겉)

0.5

점퍼 지퍼
(안)

시침질로
임시고정한다

※ **L**은 지퍼 다는 끝점에 맞춘다

※ 왼쪽 앞몸판은
지퍼 테이프의
끝을 접어 시침질로
임시고정한다

0.5

0.5

중심선

왼쪽
앞몸판
(겉)

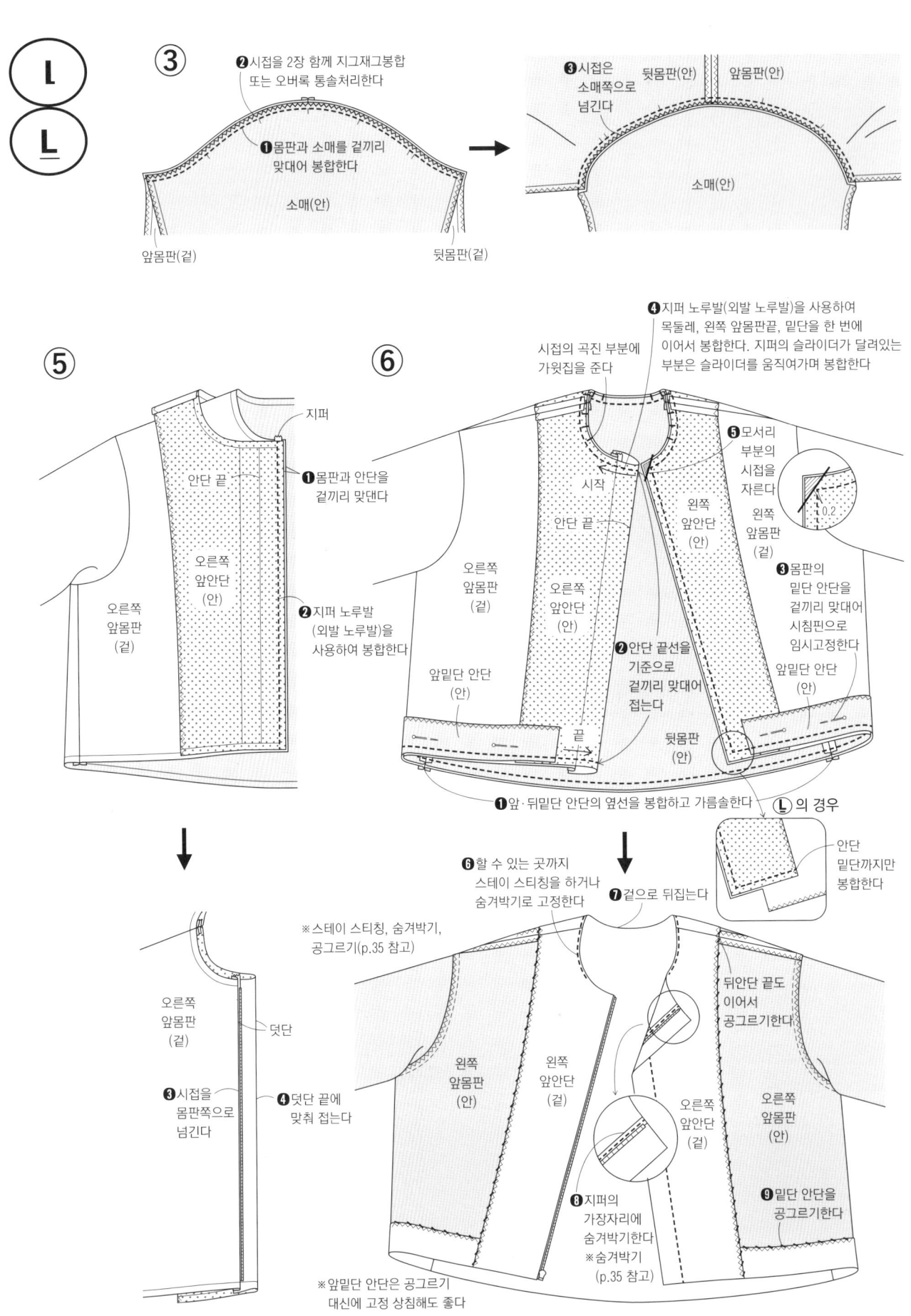

③

❷시접을 2장 함께 지그재그봉합
또는 오버록 통솔처리한다

❸시접은
소매쪽으로
넘긴다

뒷몸판(안)   앞몸판(안)

❶몸판과 소매를 겉끼리
맞대어 봉합한다

소매(안)

앞몸판(겉)   뒷몸판(겉)

소매(안)

⑤

지퍼

안단 끝

❶몸판과 안단을
겉끼리 맞댄다

오른쪽
앞안단
(안)

❷지퍼 노루발
(외발 노루발)을
사용하여 봉합한다

오른쪽
앞몸판
(겉)

⑥

❹지퍼 노루발(외발 노루발)을 사용하여
목둘레, 왼쪽 앞몸판끝, 밑단을 한 번에
이어서 봉합한다. 지퍼의 슬라이더가 달려있는
부분은 슬라이더를 움직여가며 봉합한다

시접의 곡진 부분에
가윗집을 준다

시작

안단 끝

왼쪽
앞안단
(안)

❺모서리
부분의
시접을
자른다

0.2

왼쪽
앞몸판
(겉)

오른쪽
앞몸판
(겉)

오른쪽
앞안단
(안)

❷안단 끝선을
기준으로
겉끼리 맞대어
접는다

❸몸판의
밑단 안단을
겉끼리 맞대어
시침핀으로
임시고정한다

앞밑단 안단
(안)

끝

뒷몸판
(안)

앞밑단 안단
(안)

❶앞·뒤밑단 안단의 옆선을 봉합하고 가름솔한다

Ⓛ의 경우

안단
밑단까지만
봉합한다

오른쪽
앞몸판
(겉)

덧단

❸시접을
몸판쪽으로
넘긴다

❹덧단 끝에
맞춰 접는다

❻할 수 있는 곳까지
스테이 스티칭을 하거나
숨겨박기로 고정한다

※스테이 스티칭, 숨겨박기,
공그르기(p.35 참고)

❼겉으로 뒤집는다

뒤안단 끝도
이어서
공그르기한다

왼쪽
앞몸판
(안)

왼쪽
앞안단
(겉)

오른쪽
앞안단
(겉)

오른쪽
앞몸판
(안)

❽지퍼의
가장자리에
숨겨박기한다
※숨겨박기
(p.35 참고)

❾밑단 안단을
공그르기한다

※앞밑단 안단은 공그르기
대신에 고정 상침해도 좋다

j 슬리브리스 원피스 小

사이즈 1・2

J 슬리브리스 원피스 大

원사이즈

사진 → p.27

허리 부분에 촘촘히 접은 턱이 포인트인 소녀스러운 원피스입니다. 깊게 파인 V네크라인이 성숙한 느낌을 줍니다. 스니커즈와 함께 매치하여 캐주얼하게 연출하거나, 샌들 또는 구두를 매치하여 여성스럽게 연출해도 좋습니다.

실물크기 패턴 1면(뒤) j앞몸판・앞안단(동일한 패턴),
 j뒷몸판・뒤안단(동일한 패턴)

실물크기 패턴 2면(앞) j주머니

※스커트는 재단 배치도에 기재된 치수로 직접 제도하여 사용합니다.

재료 겉감 = 110cm폭×310cm(사이즈 1)
 110cm폭×350cm(사이즈 2)

 (사이즈 1・2동일)
 소잉테이프 심지 = 1.2cm폭×60cm
 콘실지퍼 = 35cm길이 1개

원단 고르는 포인트

겉면이 깨끗하고 고밀도인 얇은 코튼을 사용했습니다.

제작 순서(②~⑧→그림 참고)

①스커트의 밑단은 원단 끝의 올이 풀리지 않을 경우에는 그대로 사용하고,
 올이 풀리는 경우에는 0.7cm/0.7cm로 두 번 접어 다린다.
②앞・뒤안단의 중심을 각각 봉합하고, 시접을 가름솔한 다음,
 몸판과 안단의 오른쪽 옆선을 각각 봉합하고, 시접을 가름솔한다.
③몸판과 안단을 겉끼리 맞대어 소매둘레와 목둘레를 봉합하고, 겉으로 뒤집는다.
④몸판의 어깨를 봉합한다.
⑤스커트에 주머니를 달아 옆선을 봉합하고, 주머니를 만든다.
 (p.39~40 ⑤(Ⓐ의 경우) 참고) 스커트의 밑단을 두 번 접어 상침한다.
⑥스커트와 몸판을 봉합한다.
⑦왼쪽 옆선에 지퍼를 단다.
⑧안단을 정리한다.

만드는 방법 포인트

콘실지퍼를 달 때, [콘실지퍼 노루발]을 사용합니다.

사진 → p.26

풍성한 느낌의 롱 원피스입니다. 걸을때마다 살랑거리는 스커트 자락은 성숙한 느낌을 더해줍니다. 블루종이나 점퍼 같은 아우터를 걸쳐 캐주얼하게 연출해보세요.

실물크기 패턴 2면(앞) J앞몸판・앞안단(동일한 패턴),
 J뒷몸판・뒤안단(동일한 패턴)

실물크기 패턴 1면(앞) J주머니

※스커트는 재단 배치도에 기재된 치수로 직접 제도하여 사용합니다.

재료 겉감 = 110cm폭×590cm
 소잉테이프 심지 = 1.2cm폭×30cm

원단 고르는 포인트

차분한 느낌의 깨끗한 면 텐셀 혼방 원단을 사용했습니다. 허리가 너무 풍성해지지 않도록 얇은 원단을 고르는 것이 좋습니다. 밑단을 처리하지 않고 원단 끝을 그대로 두면 자연스러운 느낌이 더해집니다.

제작 순서

①,④는 Ⓙ와 동일
②앞・뒤몸판과 앞・뒤안단의 양 옆선을 각각 봉합하고,
 시접을 가름솔한다.(p.65 ② ・ ③-❶~❸ 참고)
③몸판과 안단을 겉끼리 맞대어 소매둘레와 목둘레를 봉합하고
 겉으로 뒤집는다.(p.65 ② ・ ③-❹~❽ 참고)
⑤앞・뒤스커트의 양 옆선을 봉합하고, 시접을 가름솔한다.
 (p.66 ⑤과정 참고)
⑥스커트와 몸판을 봉합한다.(p.66 ⑥과정 참고)
⑧안단의 끝을 숨겨박기로 고정한다. (p.67 ⑧-❸,❹과정 참고)

완성 사이즈・제작 순서

※( )안의 숫자는 사이즈입니다.

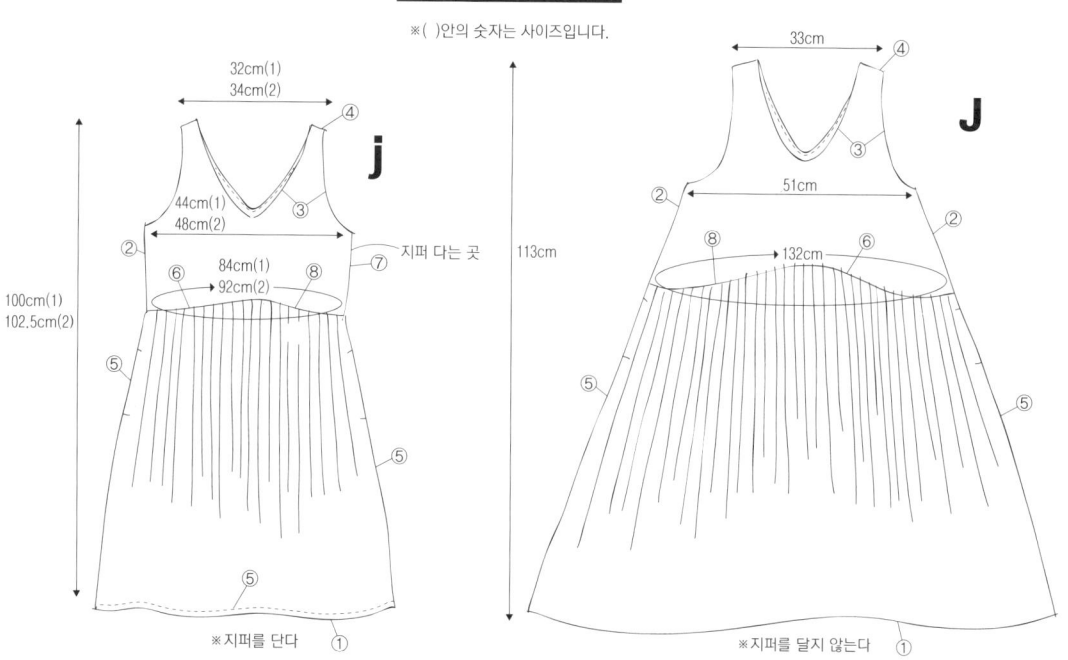

63

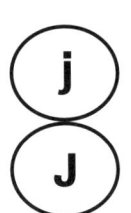

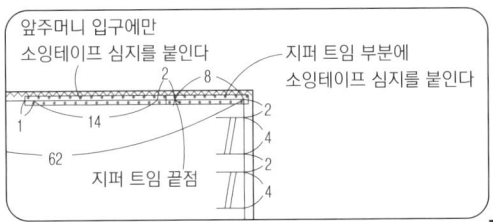

앞주머니 입구에만
소잉테이프 심지를 붙인다

지퍼 트임 부분에
소잉테이프 심지를 붙인다

2 8
1   14   2
62   4
지퍼 트임 끝점   4

재단 배치도

지퍼 트임 부분에
소잉테이프 심지를 붙인다

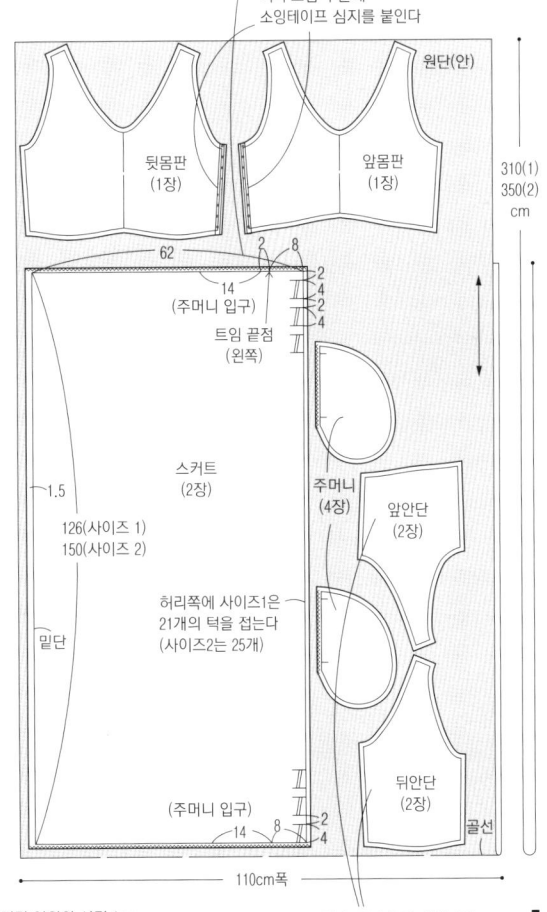

원단(안)

뒷몸판
(1장)

앞몸판
(1장)

310(1)
350(2)
cm

62   2 8
14   2
(주머니 입구)   4
2
트임 끝점   4
(왼쪽)

1.5

스커트
(2장)

126(사이즈 1)
150(사이즈 2)

주머니
(4장)

앞안단
(2장)

밑단

허리쪽에 사이즈1은
21개의 턱을 접는다
(사이즈2는 25개)

(주머니 입구)
14   8   2
4

뒤안단
(2장)

골선

110cm폭

j

* 지정 이외의 시접 1cm.
* ⸬⸬⸬ 는 안쪽면에 소잉테이프 심지를 붙인다
* ∿∿∿ 는 맞춰 봉합하기 전에
   지그재그봉제 또는 오버록 처리한다

※ j·J 모두 스커트의 밑단은
   원단 끝의 올이 풀리지 않을 경우에는
   그대로 사용하고, 올이 풀리는 경우에는
   1.5cm의 시접을 주어 재단한다

원단 폭이 안단 패턴보다
크다면 중심을 골선으로
재단할 수 있는 경우에는
골선으로 하여 재단한다

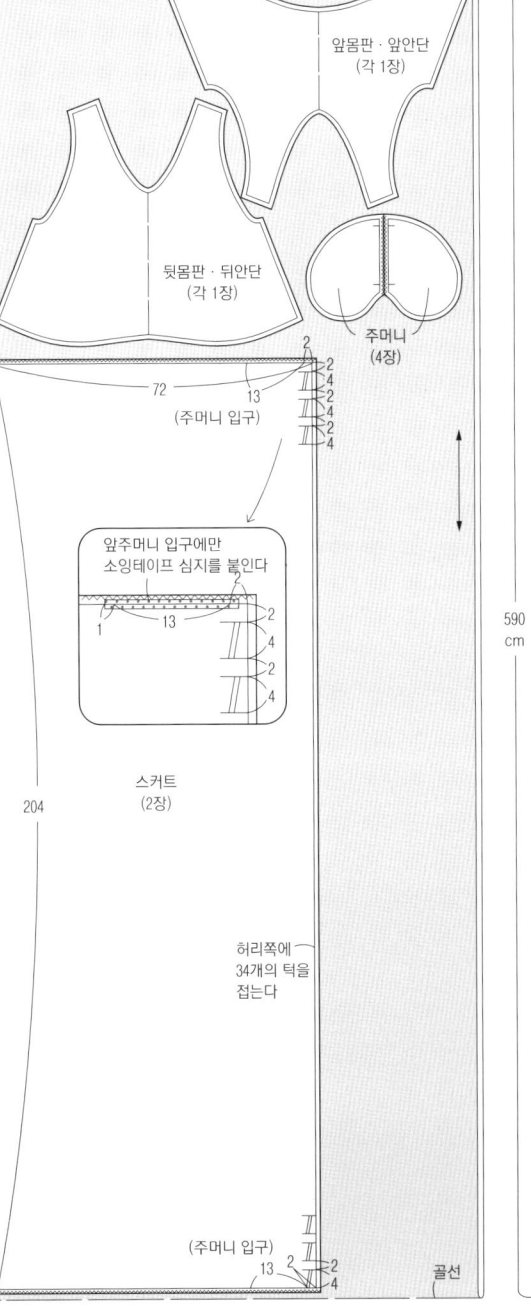

원단(안)

앞몸판·앞안단
(각 1장)

뒷몸판·뒤안단
(각 1장)

주머니
(4장)

2
72   13   2
(주머니 입구)   4
2
4

590
cm

앞주머니 입구에만
소잉테이프 심지를 붙인다

1   13   2
4
2
4

스커트
(2장)

204

밑단은 원단의
셀비지를 사용한다

허리쪽에
34개의 턱을
접는다

(주머니 입구)
13   2   2
4

골선

110cm폭

J

제작 방법

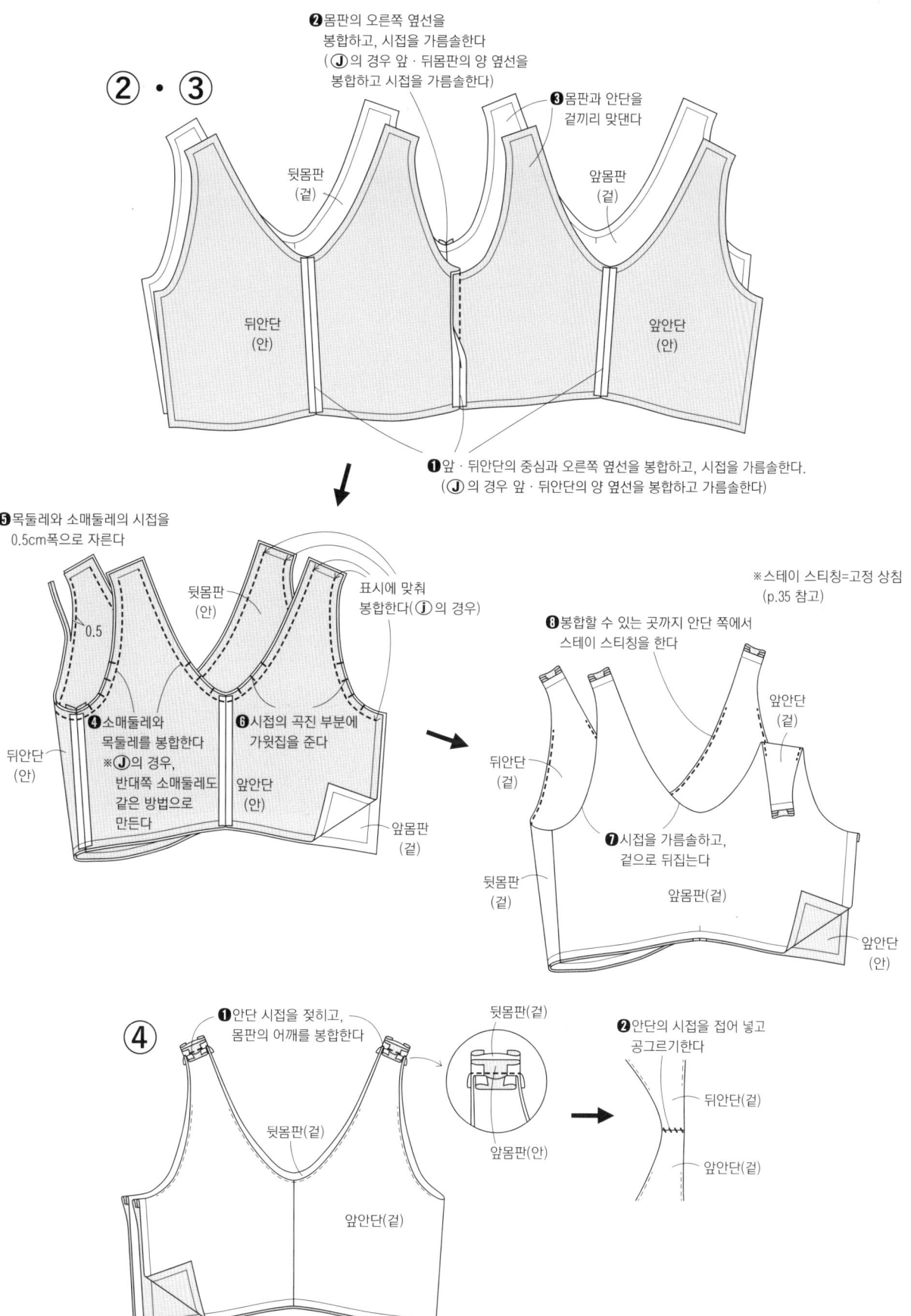

②・③

❷몸판의 오른쪽 옆선을
봉합하고, 시접을 가름솔한다
(ⓙ의 경우 앞·뒷몸판의 양 옆선을
봉합하고 시접을 가름솔한다)

❸몸판과 안단을
겉끼리 맞댄다

뒷몸판
(겉)

앞몸판
(겉)

뒤안단
(안)

앞안단
(안)

❶앞·뒤안단의 중심과 오른쪽 옆선을 봉합하고, 시접을 가름솔한다.
(ⓙ의 경우 앞·뒤안단의 양 옆선을 봉합하고 가름솔한다)

❺목둘레와 소매둘레의 시접을
0.5cm폭으로 자른다

뒷몸판
(안)

0.5

표시에 맞춰
봉합한다(ⓙ의 경우)

뒤안단
(안)

❹소매둘레와
목둘레를 봉합한다
※ⓙ의 경우,
반대쪽 소매둘레도
같은 방법으로
만든다

앞안단
(안)

❻시접의 곡진 부분에
가윗집을 준다

앞몸판
(겉)

※스테이 스티칭=고정 상침
(p.35 참고)

❽봉합할 수 있는 곳까지 안단 쪽에서
스테이 스티칭을 한다

앞안단
(겉)

뒤안단
(겉)

❼시접을 가름솔하고,
겉으로 뒤집는다

뒷몸판(겉)

앞몸판(겉)

앞안단
(안)

④

❶안단 시접을 젖히고,
몸판의 어깨를 봉합한다

뒷몸판(겉)

앞몸판(안)

❷안단의 시접을 접어 넣고
공그르기한다

뒤안단(겉)

앞안단(겉)

뒷몸판(겉)

앞안단(겉)

⑤

❹턱을 접어 시침질로 임시고정한다

뒷스커트 (겉)

❻스커트 안에 몸판을 넣어 겉끼리 맞댄다

뒷몸판(안)

앞몸판(겉)

❺안단을 젖힌다 (Ⓙ의 경우 제외)

트임 끝점

주머니 입구

❶주머니를 달고, 주머니 입구와 트임을 제외한 나머지 옆선을 봉합한 후, 시접을 가름솔한다 (p.39 ⑤(Ⓐ의 경우)-❶,❷) ※Ⓙ의 경우, 앞·뒷스커트의 양옆선을 겉끼리 맞대어 봉합한 후, 시접을 가름솔한다

❷주머니를 만든다 (p.40 참고)

주머니 (안)

앞스커트 (안)

❸밑단을 두 번 접어 상침한다 (상침간격 0.2cm)

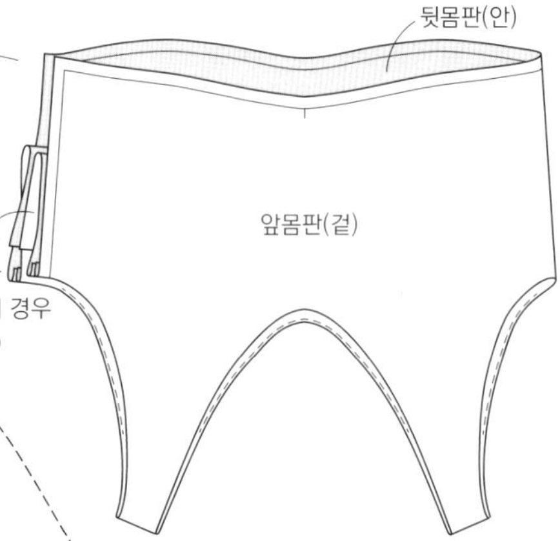

뒷스커트 (안)

❹턱 접는 방향

시침질한다

4 2 4

턱   턱

뒷스커트 (겉)

주머니 입구

앞스커트(겉)

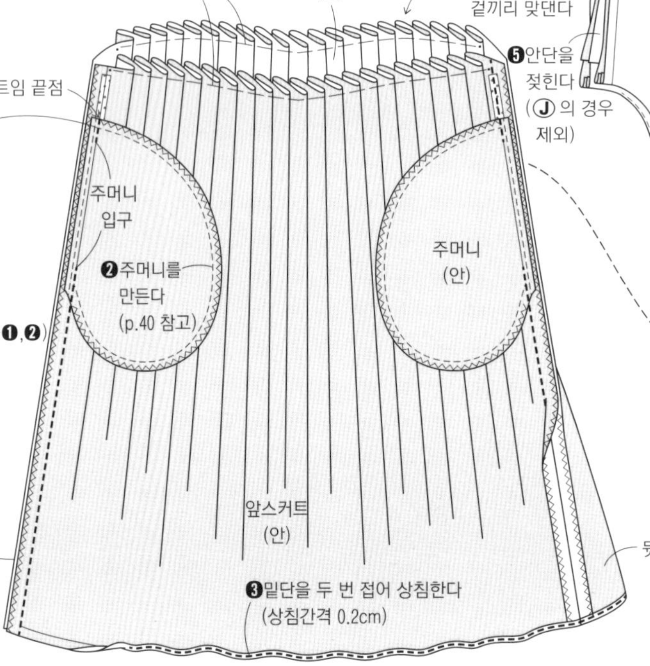

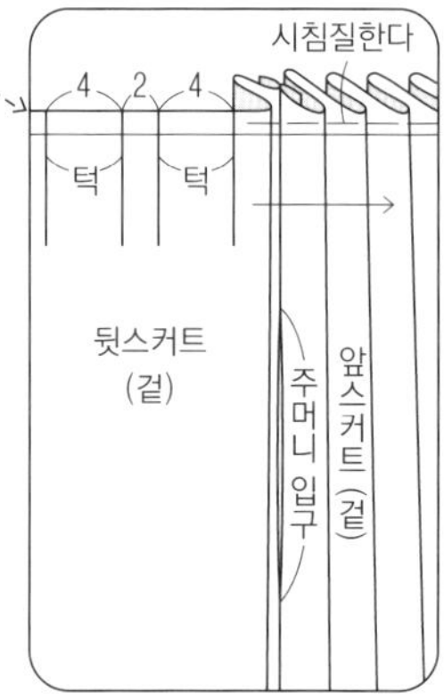

⑥ (Ⓙ의 경우, 허리를 한 번에 이어서 봉합한다)

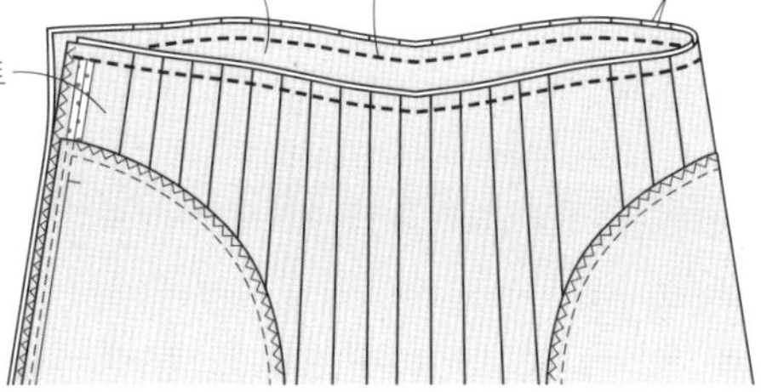

❷허리를 맞춰 봉합한 다음, 시접을 몸판쪽으로 넘긴다

❶겉끼리 맞댄다

뒷몸판(안)

앞스커트 (안)

⑦ (ⓙ의 경우. Ⓙ는 지퍼를 달지 않는다)

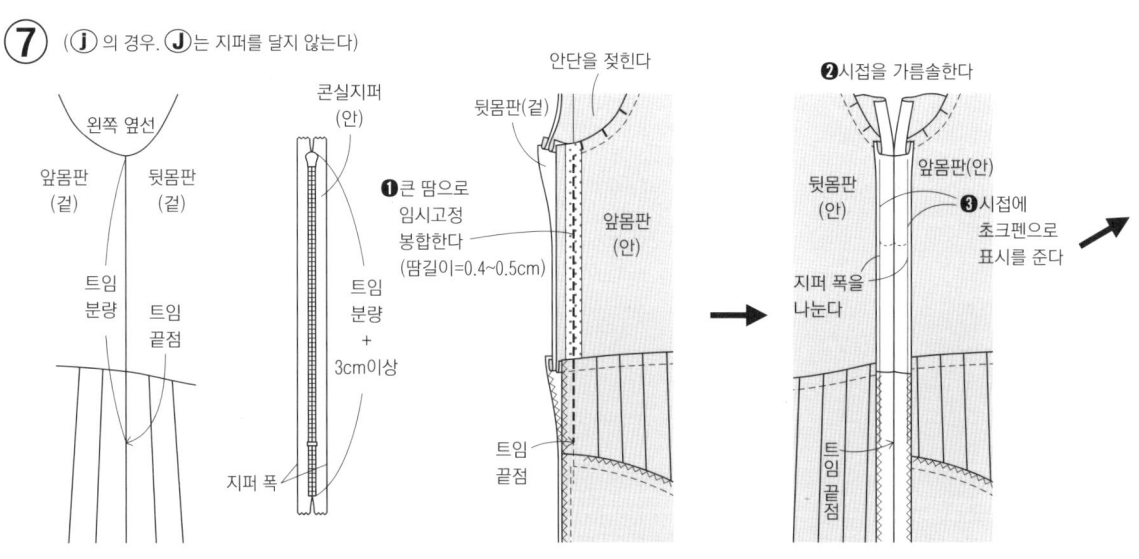

왼쪽 옆선

앞몸판 (겉)

뒷몸판 (겉)

트임 분량

트임 끝점

콘실지퍼 (안)

트임 분량 + 3cm이상

지퍼 폭

안단을 젖힌다

뒷몸판(겉)

❶큰 땀으로 임시고정 봉합한다 (땀길이=0.4~0.5cm)

앞몸판 (안)

트임 끝점

❷시접을 가름솔한다

뒷몸판 (안)

앞몸판(안)

❸시접에 초크펜으로 표시를 준다

지퍼 폭을 나눈다

트임 끝점

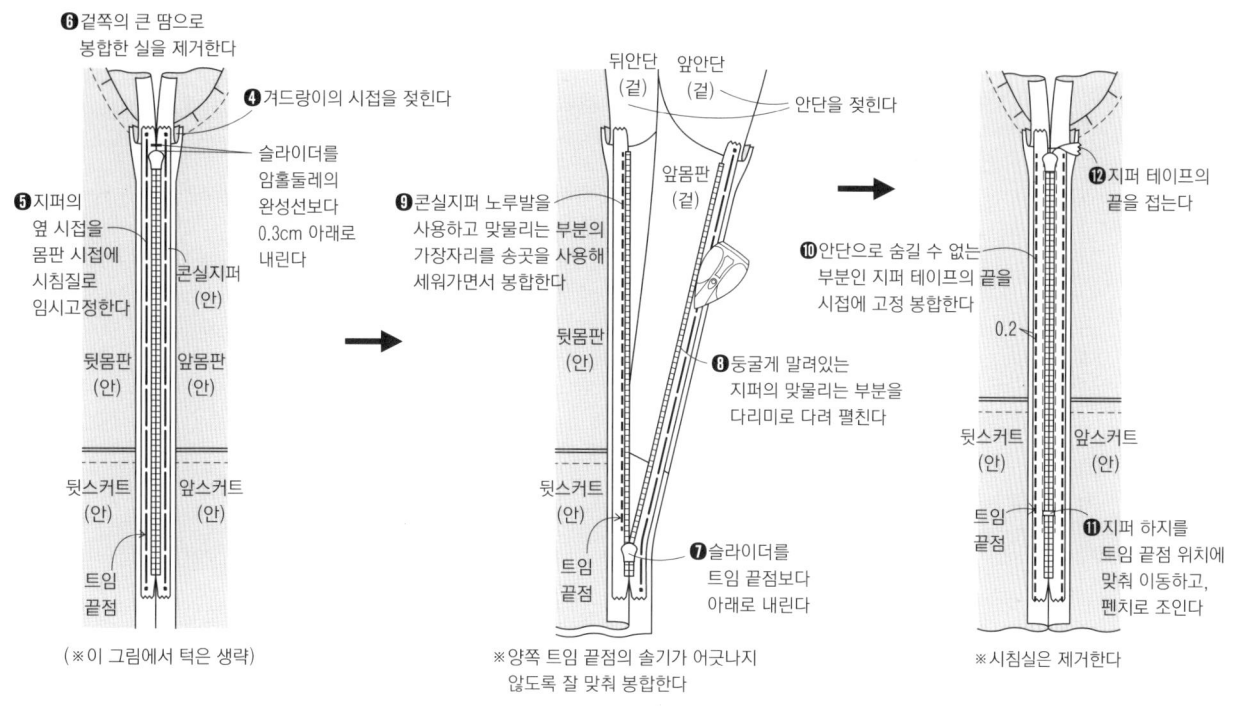

❻겉쪽의 큰 땀으로
봉합한 실을 제거한다

❹겨드랑이의 시접을 젖힌다

슬라이더를
암홀둘레의
완성선보다
0.3cm 아래로
내린다

❺지퍼의
옆 시접을
몸판 시접에
시침질로
임시고정한다

콘실지퍼
(안)

뒷몸판
(안)

앞몸판
(안)

뒷스커트
(안)

앞스커트
(안)

트임
끝점

(※이 그림에서 턱은 생략)

뒤안단
(겉)

앞안단
(겉)

안단을 젖힌다

❾콘실지퍼 노루발을
사용하고 맞물리는 부분의
가장자리를 송곳을 사용해
세워가면서 봉합한다

앞몸판
(겉)

❽둥글게 말려있는
지퍼의 맞물리는 부분을
다리미로 다려 펼친다

뒷몸판
(안)

뒷스커트
(안)

트임
끝점

❼슬라이더를
트임 끝점보다
아래로 내린다

※양쪽 트임 끝점의 솔기가 어긋나지
않도록 잘 맞춰 봉합한다

❿안단으로 숨길 수 없는
부분인 지퍼 테이프의 끝을
시접에 고정 봉합한다

⓬지퍼 테이프의
끝을 접는다

0.2

뒷스커트
(안)

앞스커트
(안)

트임
끝점

⓫지퍼 하지를
트임 끝점 위치에
맞춰 이동하고,
펜치로 조인다

※시침실은 제거한다

⑧

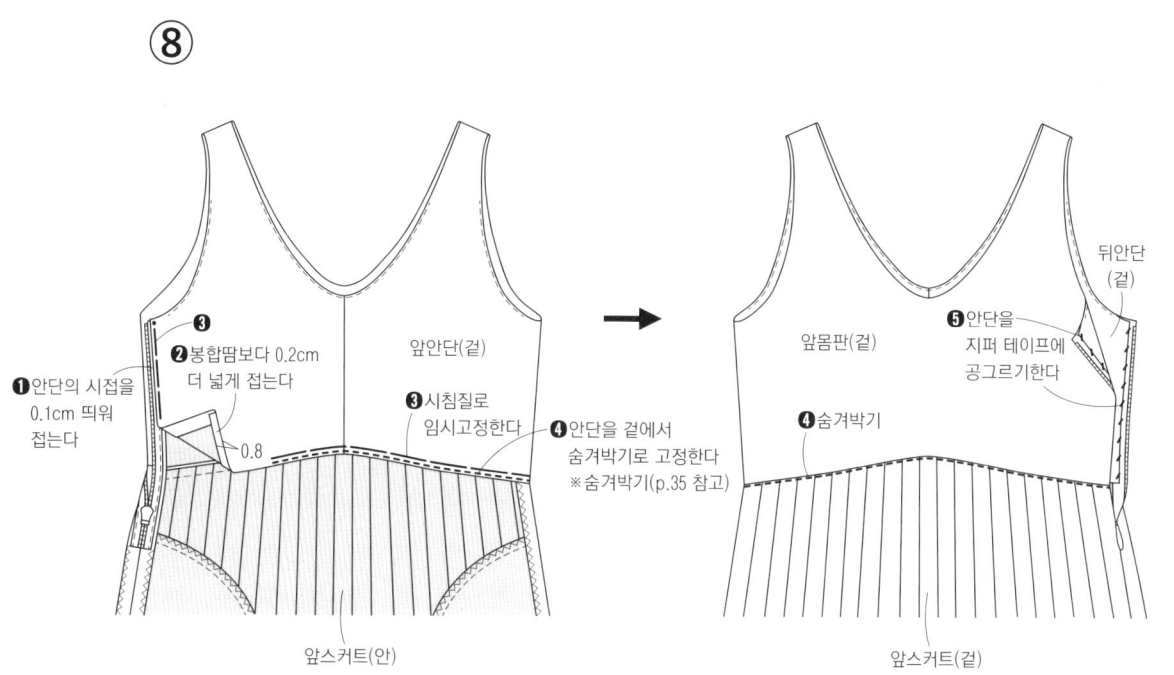

❶안단의 시접을
0.1cm 띄워
접는다

❷봉합땀보다 0.2cm
더 넓게 접는다

0.8

앞안단(겉)

❸시침질로
임시고정한다

❸

❹안단을 겉에서
숨겨박기로 고정한다
※숨겨박기(p.35 참고)

앞스커트(안)

앞몸판(겉)

뒤안단
(겉)

❺안단을
지퍼 테이프에
공그르기한다

❹숨겨박기

앞스커트(겉)

 **턱 슬림 팬츠 小**
사이즈 1 · 2

 **턱 와이드 팬츠 大**
사이즈 1 · 2

사진 → p.29
크게 접은 턱이 포인트인 슬림 팬츠입니다. 상의를 안에 넣어 허리벨트를 더하거나, 긴 기장의 상의와 함께 매치해도 좋습니다.
코디 아이템 : 칼라 셔츠(**i**)

실물크기 패턴 1면(뒤) **k**앞팬츠, **k**뒤팬츠, **k**허리밴드, **k**주머니, **k**안단,
　　　　　　　　　　　　k덧단, **k**주머니 옆천

※벨트고리는 재단 배치도에 기재된 치수로 직접 제도하여 사용합니다.

재료(사이즈 1·2동일)　겉감 = 110cm폭×200cm
　　　　　　　　　주머니감 = 70cm폭×30cm
　　　　　　　　　접착심(소잉심지) = 40cm폭×90cm
　　　　　　　　　소잉테이프 심지 = 1.2cm폭×50cm
　　　　　　　　　지퍼 = 13cm길이 1개
　　　　　　　　　걸고리 = 1쌍

원단 고르는 포인트
움직이기 편하도록 신축성 있는 코튼 트월 원단을 사용했습니다. 텐셀 혼방 등 차분한 느낌의 소재로 만들면 여성스러운 분위기로 완성되며, 처음 만들때에는 봉합하기 쉬운 코튼 소재를 추천합니다.

제작 순서(②~⑩→그림 참고)
① 밑단을 1cm/1cm로 두 번 접어 다린다.
② 뒤팬츠의 다트와 앞팬츠의 턱을 접어 봉합한다.
③ 앞·뒤팬츠의 밑위둘레를 각각 봉합한다.
④ 지퍼 덧단과 안단을 앞팬츠에 단다.
⑤ 주머니를 만들어 팬츠에 단다.
⑥ 팬츠의 옆선을 봉합한다.
⑦ 팬츠의 밑아래를 봉합한다.
⑧ 밑단을 두 번 접어 상침한다.
⑨ 팬츠와 허리밴드를 봉합한다.
⑩ 팬츠에 걸고리를 단다.

만드는 방법 포인트
덧단에 지퍼를 달 때, [지퍼 노루발]을 사용합니다.

사진 → p.28
크게 접은 턱이 포인트인 와이드 팬츠입니다. 심플한 상의를 매치하거나 밑단을 접어 올려 발목이 살짝 보이도록 연출하면 부담스럽지 않게 입을 수 있습니다.
코디 아이템 : 칼라 셔츠(**i**)

실물크기 패턴 2면(앞) **K**앞팬츠, **K**뒤팬츠, **K**허리밴드, **K**주머니, **K**안단, **K**덧단, **K**주머니 옆천

※벨트고리는 재단 배치도에 기재된 치수로 직접 제도하여 사용합니다.

재료　겉감 = 110cm폭×200cm(사이즈 1)
　　　　　110cm폭×210cm(사이즈 2)
　　　접착심(소잉심지) = 40cm폭×90cm(사이즈 1)
　　　　　40cm폭×100cm(사이즈 2)

　　　(사이즈 1·2동일)
　　　주머니감 = 80cm폭×35cm
　　　소잉테이프 심지 = 1.2cm폭×90cm
　　　지퍼 = 20cm길이 1개
　　　걸고리 = 1쌍

원단 고르는 포인트
신축성이 있는 면 캔버스 원단을 사용했습니다. 벨트고리 부분은 원단을 여러 장 겹쳐 봉합하기 때문에 두꺼운 소재보다는 신축성 있는 소재로 만들면 와이드한 실루엣이 예쁘게 완성됩니다.

제작 순서, 만드는 방법 포인트
(**k**)와 동일.
※①과정에서 밑단을 1cm/3cm로 두 번 접어 다린다.

완성 사이즈 · 제작 순서

※( )안의 숫자는 사이즈입니다.

k

79cm(1)
88cm(2)
⑨
⑤
⑩
②
④
24cm(1)
24.5cm(2)
③
100cm(1)
108cm(2)
95cm(1)
98cm(2)
⑥
⑦
69cm(1)
72cm(2)
①
⑧
36cm(1)
41cm(2)

K

80cm(1)
88cm(2)
⑨
⑤
⑩
④
②
33cm(1)
33.5cm(2)
③
130cm(1)
138cm(2)
90cm(1)
93cm(2)
⑥
⑦
60cm(1)
63cm(2)
①
⑧
56cm(1)
61cm(2)

재단 배치도

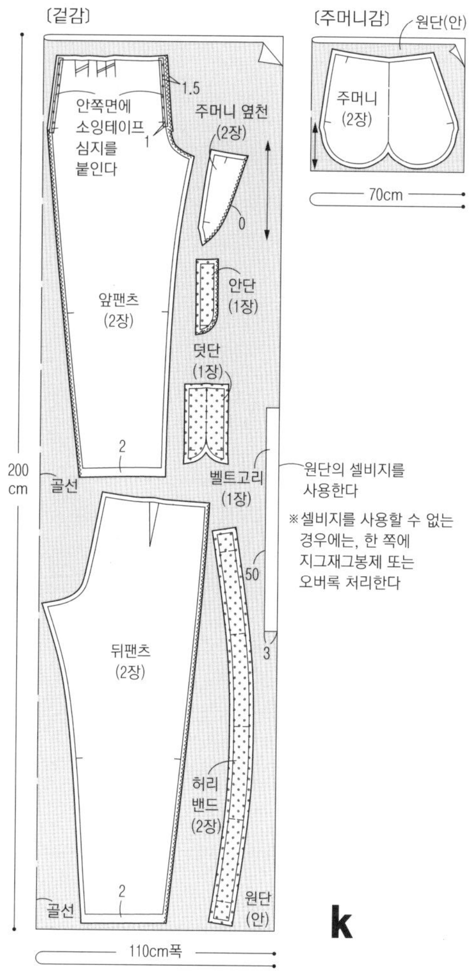

(왼쪽 배치도 k - 110cm폭)

[겉감]

안쪽면에 소잉테이프 심지를 붙인다

주머니 옆천 (2장)

1.5

1

앞팬츠 (2장)

안단 (1장)

덧단 (1장)

벨트고리 (1장)

2

200 cm

골선

원단의 셀비지를 사용한다

※셀비지를 사용할 수 없는 경우에는, 한 쪽에 지그재그봉제 또는 오버록 처리한다

50

뒤팬츠 (2장)

허리 밴드 (2장)

원단 (안)

골선

2

3

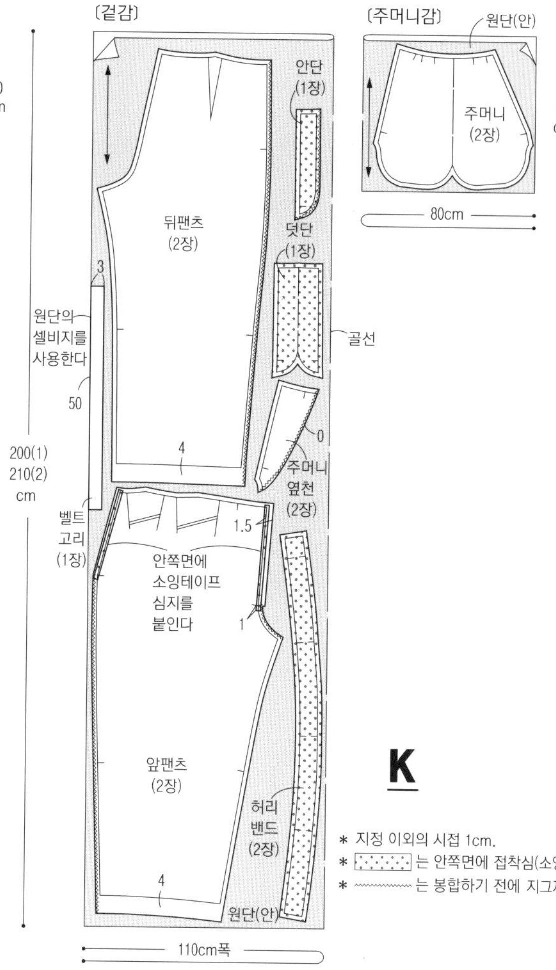

k

[주머니감] 원단(안)

주머니 (2장)

30 cm

70cm

(오른쪽 배치도 K - 110cm폭)

[겉감]

뒤팬츠 (2장)

안단 (1장)

덧단 (1장)

골선

주머니 옆천 (2장)

0

3

50

4

원단의 셀비지를 사용한다

200(1) 210(2) cm

벨트 고리 (1장)

안쪽면에 소잉테이프 심지를 붙인다

1

1.5

앞팬츠 (2장)

허리 밴드 (2장)

4

원단(안)

K

[주머니감] 원단(안)

주머니 (2장)

35 cm

80cm

* 지정 이외의 시접 1cm.
* ░░░ 는 안쪽면에 접착심(소잉심지), 소잉테이프 심지를 붙인다
* ∿∿∿ 는 봉합하기 전에 지그재그봉제 또는 오버록 처리한다

제작 방법

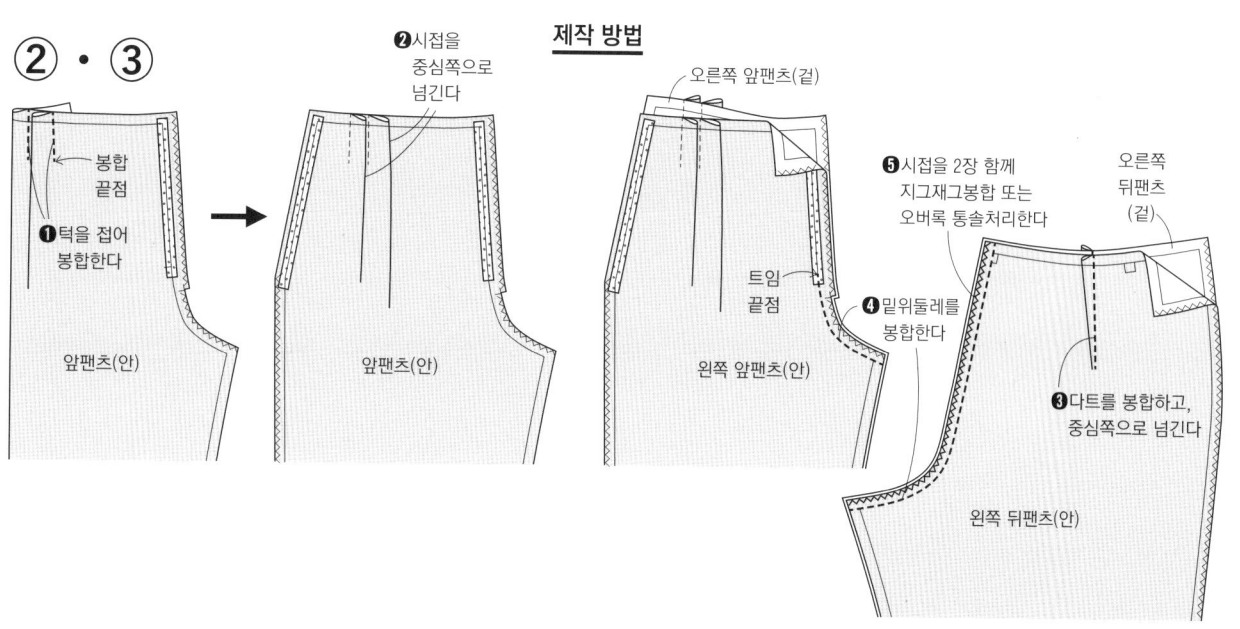

② · ③

봉합 끝점

❶턱을 접어 봉합한다

앞팬츠(안)

❷시접을 중심쪽으로 넘긴다

앞팬츠(안)

오른쪽 앞팬츠(겉)

❺시접을 2장 함께 지그재그봉합 또는 오버록 통솔처리한다

트임 끝점

❹밑위둘레를 봉합한다

왼쪽 앞팬츠(안)

오른쪽 뒤팬츠 (겉)

❸다트를 봉합하고, 중심쪽으로 넘긴다

왼쪽 뒤팬츠(안)

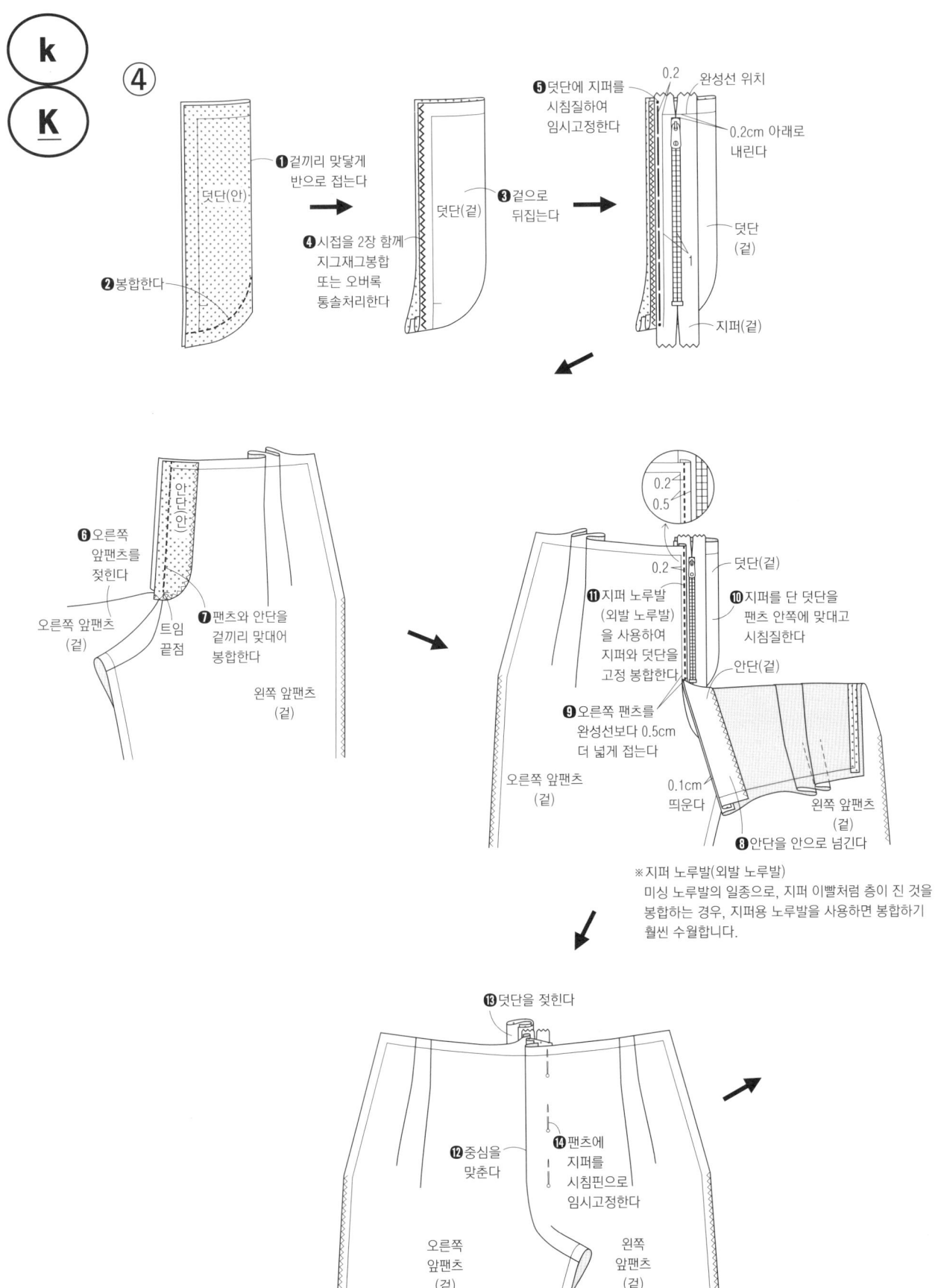

❶겉끼리 맞닿게
반으로 접는다

덧단(안)

❷봉합한다

❸겉으로
뒤집는다

❹시접을 2장 함께
지그재그봉합
또는 오버록
통솔처리한다

덧단(겉)

❺덧단에 지퍼를
시침질하여
임시고정한다

0.2
완성선 위치

0.2cm 아래로
내린다

덧단
(겉)

1

지퍼(겉)

❻오른쪽
앞팬츠를
젖힌다

안단(안)

오른쪽 앞팬츠
(겉)

트임
끝점

❼팬츠와 안단을
겉끼리 맞대어
봉합한다

왼쪽 앞팬츠
(겉)

0.2
0.5

덧단(겉)

0.2

❿지퍼를 단 덧단을
팬츠 안쪽에 맞대고
시침질한다

⓫지퍼 노루발
(외발 노루발)
을 사용하여
지퍼와 덧단을
고정 봉합한다

안단(겉)

❾오른쪽 팬츠를
완성선보다 0.5cm
더 넓게 접는다

오른쪽 앞팬츠
(겉)

0.1cm
띄운다

왼쪽 앞팬츠
(겉)

❽안단을 안으로 넘긴다

※지퍼 노루발(외발 노루발)
미싱 노루발의 일종으로, 지퍼 이빨처럼 층이 진 것을
봉합하는 경우, 지퍼용 노루발을 사용하면 봉합하기
훨씬 수월합니다.

⓭덧단을 젖힌다

⓬중심을
맞춘다

⓮팬츠에
지퍼를
시침핀으로
임시고정한다

오른쪽
앞팬츠
(겉)

왼쪽
앞팬츠
(겉)

④ 이어서

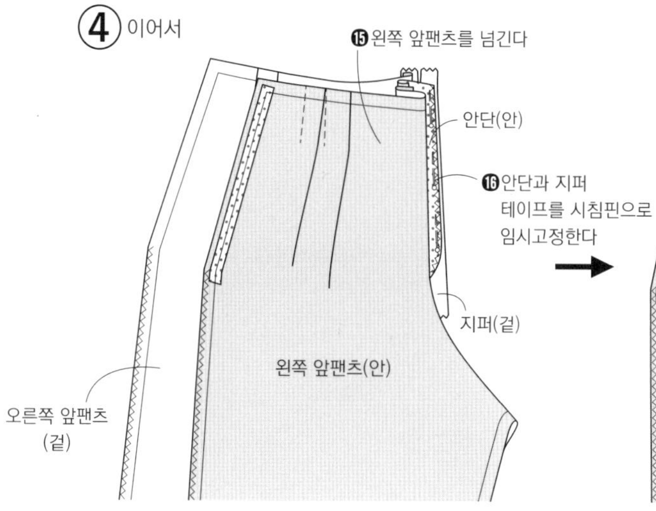

⑮ 왼쪽 앞팬츠를 넘긴다

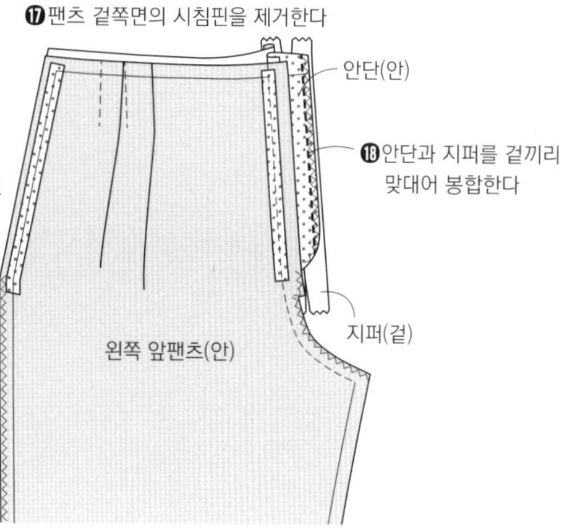

⑰ 팬츠 겉쪽면의 시침핀을 제거한다

안단(안)

⑯ 안단과 지퍼 테이프를 시침핀으로 임시고정한다

지퍼(겉)

왼쪽 앞팬츠(안)

오른쪽 앞팬츠
(겉)

안단(안)

⑱ 안단과 지퍼를 겉끼리 맞대어 봉합한다

지퍼(겉)

왼쪽 앞팬츠(안)

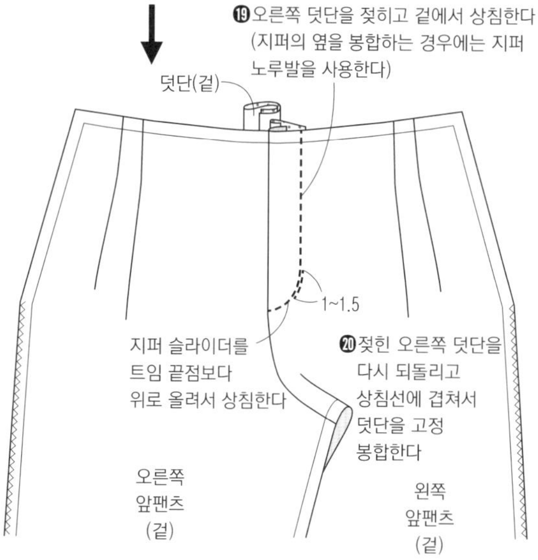

⑲ 오른쪽 덧단을 젖히고 겉에서 상침한다
(지퍼의 옆을 봉합하는 경우에는 지퍼 노루발을 사용한다)

덧단(겉)

⑤

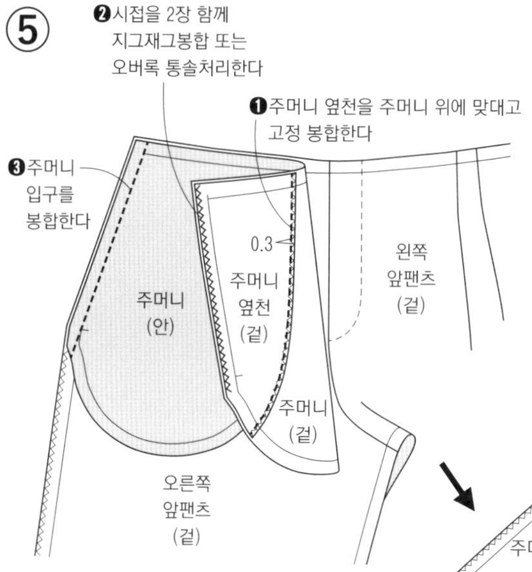

❷ 시접을 2장 함께 지그재그봉합 또는 오버록 통솔처리한다

❶ 주머니 옆천을 주머니 위에 맞대고 고정 봉합한다

❸ 주머니 입구를 봉합한다

주머니
(안)

0.3

주머니 옆천
(겉)

왼쪽 앞팬츠
(겉)

주머니
(겉)

오른쪽 앞팬츠
(겉)

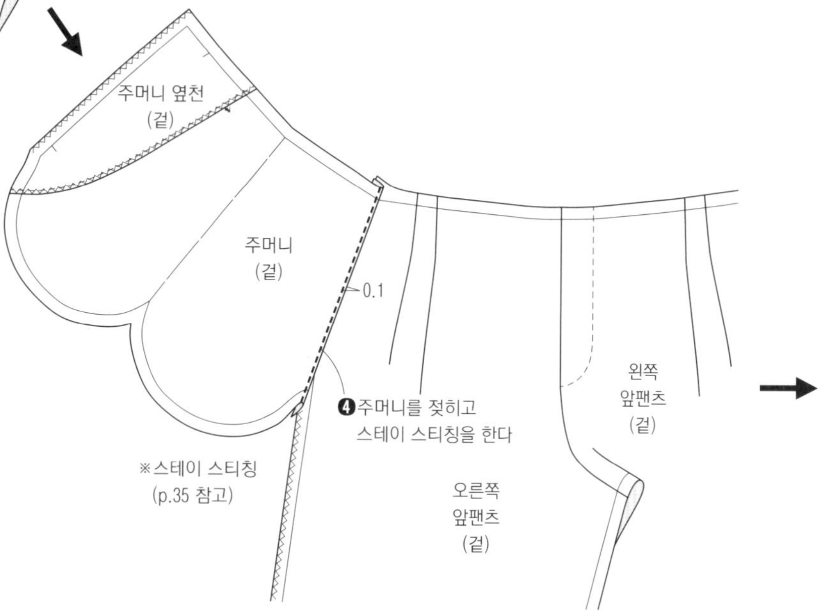

지퍼 슬라이더를 트임 끝점보다 위로 올려서 상침한다

1~1.5

오른쪽 앞팬츠
(겉)

⑳ 젖힌 오른쪽 덧단을 다시 되돌리고 상침선에 겹쳐서 덧단을 고정 봉합한다

왼쪽 앞팬츠
(겉)

주머니 옆천
(겉)

주머니
(겉)

0.1

❹ 주머니를 젖히고 스테이 스티칭을 한다

오른쪽 앞팬츠
(겉)

왼쪽 앞팬츠
(겉)

※스테이 스티칭
(p.35 참고)

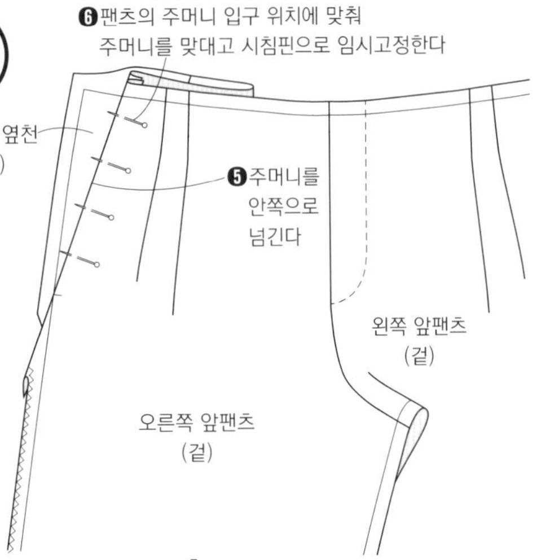

❻팬츠의 주머니 입구 위치에 맞춰
주머니를 맞대고 시침핀으로 임시고정한다

주머니 옆천
(겉)

❺주머니를
안쪽으로
넘긴다

왼쪽 앞팬츠
(겉)

오른쪽 앞팬츠
(겉)

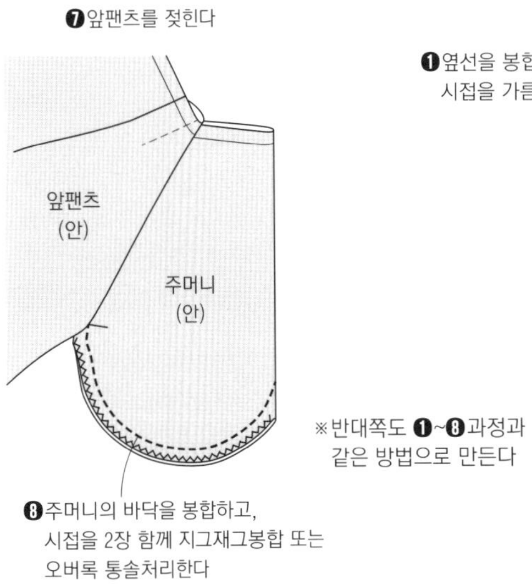

❼앞팬츠를 젖힌다

앞팬츠
(안)

주머니
(안)

※반대쪽도 ❶~❽과정과
같은 방법으로 만든다

❽주머니의 바닥을 봉합하고,
시접을 2장 함께 지그재그봉합 또는
오버록 통솔처리한다

⑥ · ⑦ · ⑧

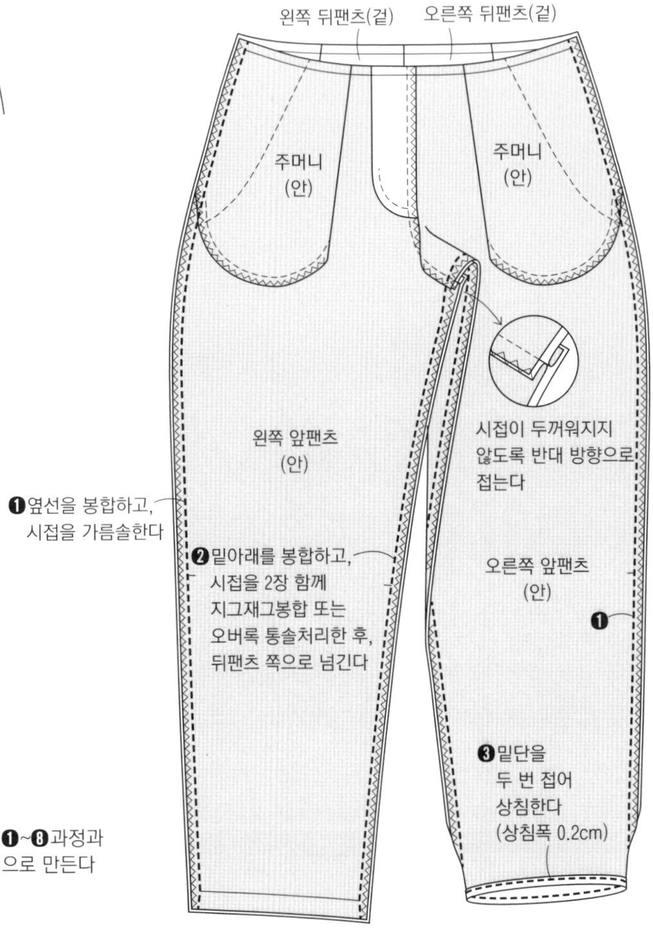

왼쪽 뒤팬츠(겉)   오른쪽 뒤팬츠(겉)

주머니
(안)

주머니
(안)

왼쪽 앞팬츠
(안)

❶옆선을 봉합하고,
시접을 가름솔한다

❷밑아래를 봉합하고,
시접을 2장 함께
지그재그봉합 또는
오버록 통솔처리한 후,
뒤팬츠 쪽으로 넘긴다

시접이 두꺼워지지
않도록 반대 방향으로
접는다

오른쪽 앞팬츠
(안)

❶

❸밑단을
두 번 접어
상침한다
(상침폭 0.2cm)

⑨

❷모서리 부분의 시접을 자른다

0.2

완성선까지만 봉합

❶허리밴드 2장을 겉끼리
맞대어 봉합한다

안허리밴드(겉)

겉허리밴드(안)

❸시접을 가름솔한다

완성선까지만 봉합

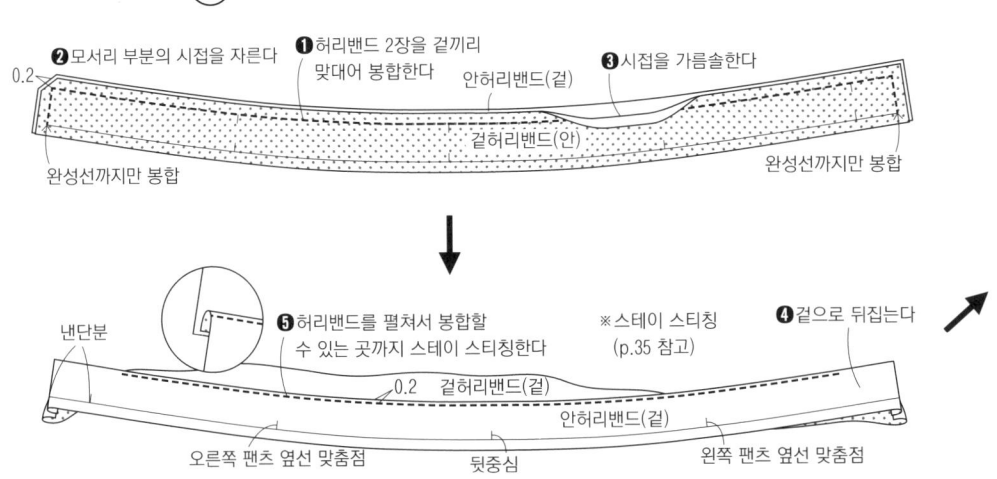

낸단분

❺허리밴드를 펼쳐서 봉합할
수 있는 곳까지 스테이 스티칭한다

0.2   겉허리밴드(겉)

※스테이 스티칭
(p.35 참고)

❹겉으로 뒤집는다

안허리밴드(겉)

오른쪽 팬츠 옆선 맞춤점   뒷중심   왼쪽 팬츠 옆선 맞춤점

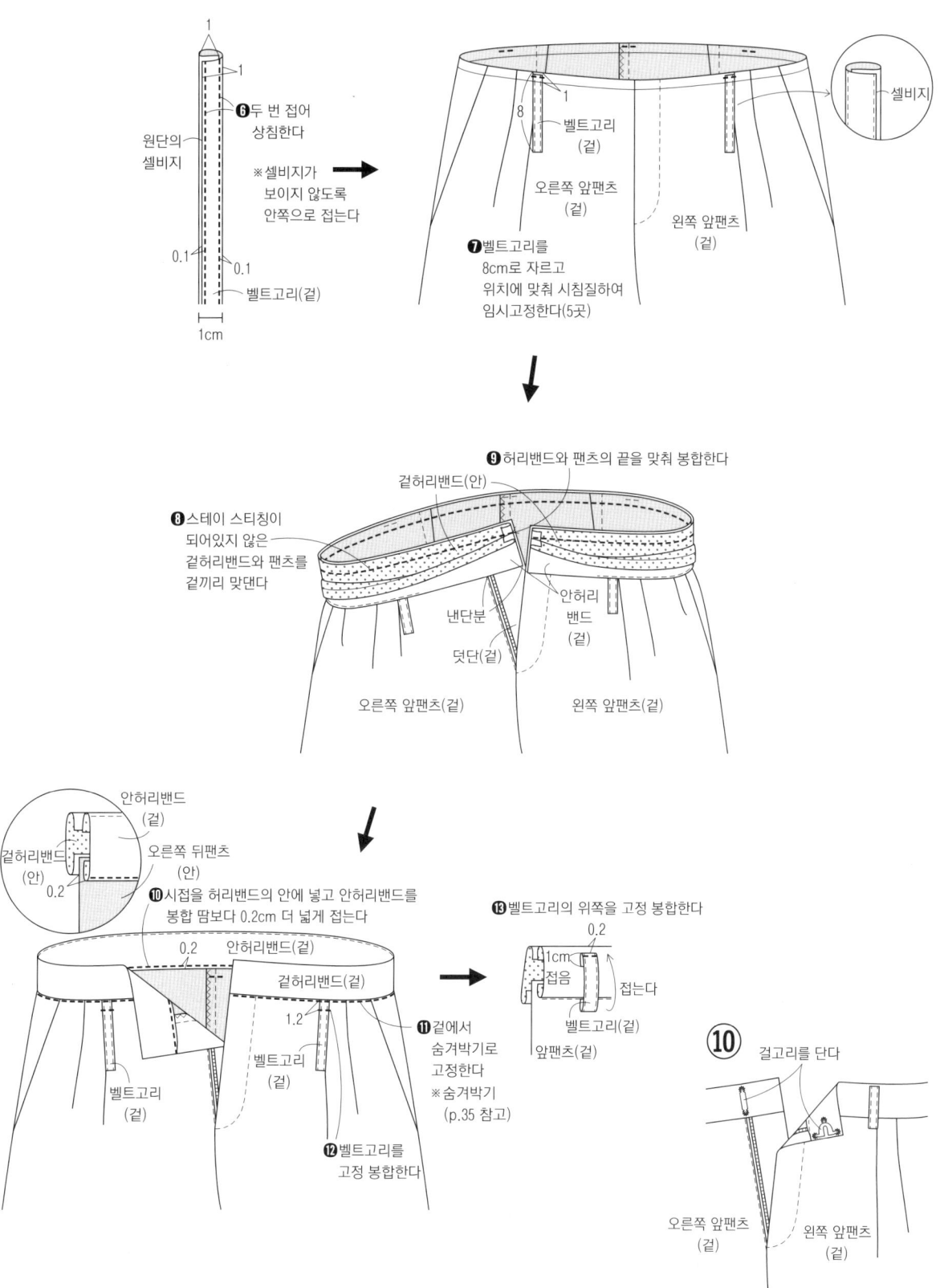

원단의
셀비지

❻두 번 접어
상침한다

※셀비지가
보이지 않도록
안쪽으로 접는다

1

1

0.1

0.1

벨트고리(겉)

1cm

셀비지

❼벨트고리를
8cm로 자르고
위치에 맞춰 시침질하여
임시고정한다(5곳)

1

8

벨트고리
(겉)

오른쪽 앞팬츠
(겉)

왼쪽 앞팬츠
(겉)

❾허리밴드와 팬츠의 끝을 맞춰 봉합한다

겉허리밴드(안)

❽스테이 스티칭이
되어있지 않은
겉허리밴드와 팬츠를
겉끼리 맞댄다

낸단분

덧단(겉)

안허리
밴드
(겉)

오른쪽 앞팬츠(겉)

왼쪽 앞팬츠(겉)

안허리밴드
(겉)

겉허리밴드
(안)

오른쪽 뒤팬츠
(안)

0.2

❿시접을 허리밴드의 안에 넣고 안허리밴드를
봉합 땀보다 0.2cm 더 넓게 접는다

0.2

안허리밴드(겉)

겉허리밴드(겉)

1.2

벨트고리
(겉)

벨트고리
(겉)

⓫겉에서
숨겨박기로
고정한다
※숨겨박기
(p.35 참고)

⓬벨트고리를
고정 봉합한다

⓭벨트고리의 위쪽을 고정 봉합한다

0.2

1cm
접음

접는다

벨트고리(겉)

앞팬츠(겉)

⑩

걸고리를 단다

오른쪽 앞팬츠
(겉)

왼쪽 앞팬츠
(겉)

밴딩 배기 팬츠 小

사이즈 1 · 2

※( )안의 숫자는 사이즈입니다.

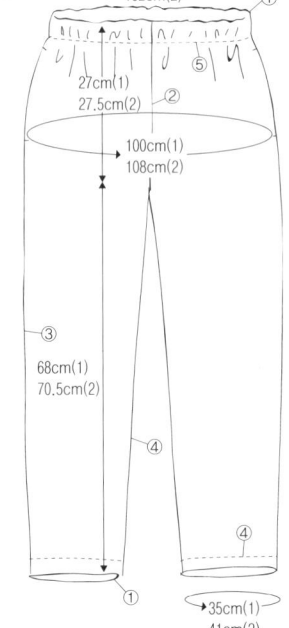

사진 → p.11

엉덩이 둘레에 적당한 여유가 있고, 발목을 향해 좁아지는 깔끔한 실루엣의 배기 팬츠입니다.
길이가 긴 상의와 함께 매치해도 좋습니다.
코디 아이템: 반소매 티셔츠(**b**)

실물크기 패턴 1면(앞) **c** 앞팬츠, **c** 뒤팬츠, **c** 주머니

재료 겉감＝110cm폭×160cm(사이즈 1)
　　　　110cm폭×180cm(사이즈 2)

　　　 (사이즈 1·2동일)
　　　 주머니감(손등쪽 주머니용)＝40cm폭×30cm
　　　 소잉테이프 심지＝1.2cm폭×40cm
　　　 고무줄＝2.7~3cm폭×60~70cm(허리에 맞춰 조절한다)

원단 고르는 포인트

예쁜 블루 컬러의 리넨을 사용했습니다. 허리 부분에 주름이 많기 때문에
얇은 소재로 만드는 것을 추천합니다. 차분한 느낌의 리넨이나 텐셀 혼방 소재로
만들면 성숙한 스타일이 완성됩니다.

제작 순서(②~⑤→그림 참고)

① 밑단은 1cm/2cm, 허리는 1cm/3cm로 두 번 접어 다린다.
② 앞·뒤팬츠의 밑위둘레를 각각 봉합한다.
③ 팬츠의 옆선을 봉합하고, 주머니를 만든다.
　　(p.43 ⓛ 주머니 만드는 방법 참고, p.40 참고)
④ 팬츠의 밑아래를 봉합하고, 밑단을 두 번 접어 상침한다.
⑤ 허리를 두 번 접어 상침하고, 고무줄을 끼워 넣는다.

C **밴딩 와이드 팬츠 大**

원사이즈

사진 → p.10

바지의 밑위를 길게하여 스커트처럼 보이는 와이드 팬츠입니다.
넓은 바지통으로 통풍이 잘되어 여름에도 시원하게 입을 수 있는
디자인입니다.
코디 아이템: 반소매 티셔츠(**b**)

실물크기 패턴 2면(뒤)　**C** 앞팬츠, **C** 뒤팬츠
실물크기 패턴 1면(앞)　**C** 주머니

재료　겉감＝110cm폭×190cm
　　　　주머니감(손등쪽 주머니용)＝40cm폭×30cm
　　　　소잉테이프 심지＝1.2cm폭×40cm
　　　　고무줄＝3.2~3.5cm폭×65~75cm
　　　　　(허리에 맞춰 조절한다)

원단 고르는 포인트

예쁜 그린 컬러의 리넨을 사용했습니다. 텐셀 등 차분한 느낌의
원단으로 만들면 성숙한 스타일로 완성되며, 화려한 원단으로 만
들면 색다른 분위기로 연출이 가능합니다. 허리에 주름이 들어가
기 때문에 얇은 원단을 고르는 것이 좋습니다.

제작 순서

ⓒ 와 동일

※①과정에서, 밑단은 1cm/3cm, 허리는 1cm/3.5cm로 두 번 접어 다린다.

재단 배치도 **C**

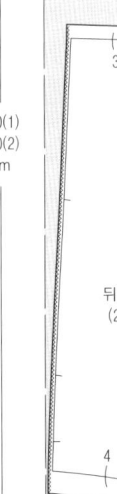

[주머니감](c.**C**동일)

※p.40의 주머니 구조를 참고

＊ 지정 이외의 시접 1cm.
＊ ⬚⬚⬚⬚ 는 안쪽면에 소잉테이프 심지를 붙인다.
＊ ∼∼∼∼ 는 맞춰 봉합하기 전에 지그재그봉제 또는 오버록 처리한다
＊ 겉감이 너무 두껍지 않다면 주머니는 4장 모두 겉감 원단을 사용해도 좋다.
＊ **C** 는 110cm폭 원단으로 재단할 경우, 주머니(손바닥쪽) 2장만 재단할 수 있기
　　때문에, 다른 주머니(손등쪽)는 슬리크 또는 다른 원단으로 대체하는 것이 좋다.

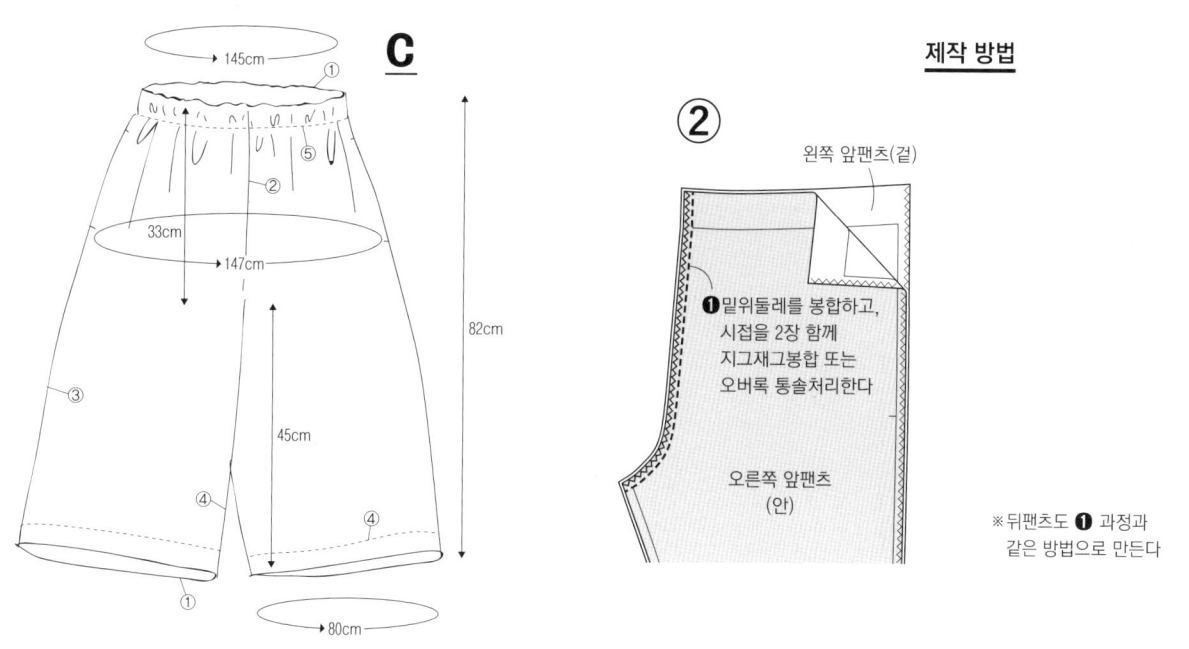

C

→145cm

① ⑤ ② ③ ④ ④ ①

33cm

→147cm

82cm

45cm

→80cm

②

왼쪽 앞팬츠(겉)

❶밑위둘레를 봉합하고, 시접을 2장 함께 지그재그봉합 또는 오버록 통솔처리한다

오른쪽 앞팬츠 (안)

※뒤팬츠도 ❶ 과정과 같은 방법으로 만든다

③・④

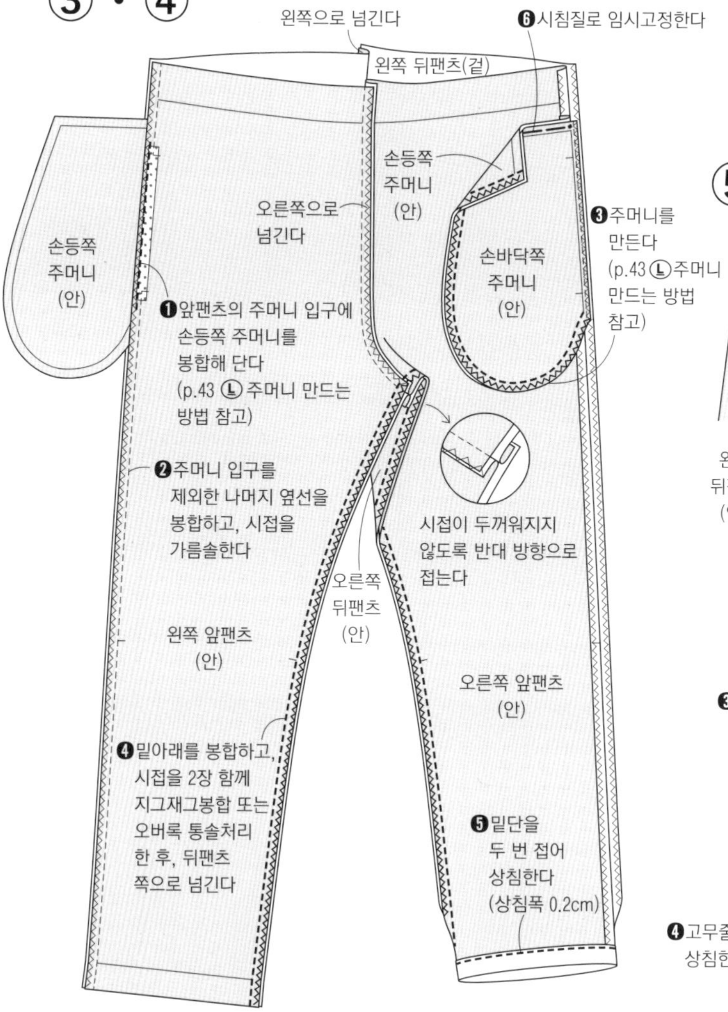

왼쪽으로 넘긴다

❻시침질로 임시고정한다

왼쪽 뒤팬츠(겉)

손등쪽 주머니 (안)

손등쪽 주머니 (안)

오른쪽으로 넘긴다

손바닥쪽 주머니 (안)

❸주머니를 만든다 (p.43 ⓛ주머니 만드는 방법 참고)

❶앞팬츠의 주머니 입구에 손등쪽 주머니를 봉합해 단다 (p.43 ⓛ 주머니 만드는 방법 참고)

❷주머니 입구를 제외한 나머지 옆선을 봉합하고, 시접을 가름솔한다

왼쪽 앞팬츠 (안)

오른쪽 뒤팬츠 (안)

시접이 두꺼워지지 않도록 반대 방향으로 접는다

오른쪽 앞팬츠 (안)

❹밑아래를 봉합하고, 시접을 2장 함께 지그재그봉합 또는 오버록 통솔처리한 후, 뒤팬츠 쪽으로 넘긴다

❺밑단을 두 번 접어 상침한다 (상침폭 0.2cm)

⑤

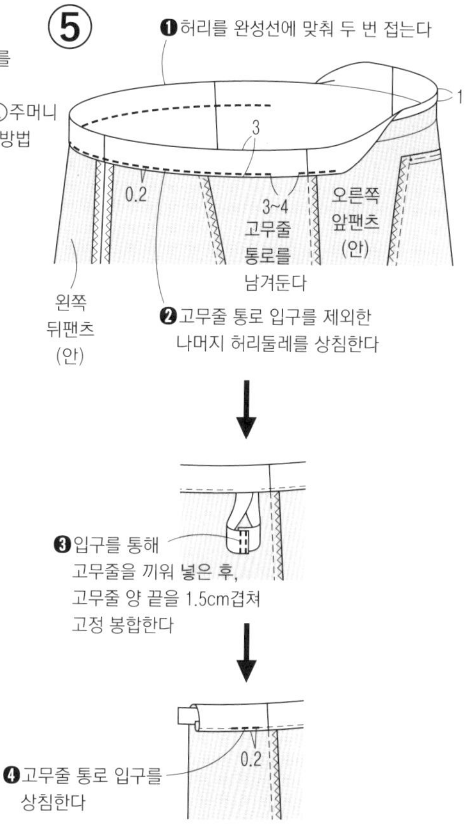

❶허리를 완성선에 맞춰 두 번 접는다

1

3

0.2

3~4 고무줄 통로를 남겨둔다

오른쪽 앞팬츠 (안)

왼쪽 뒤팬츠 (안)

❷고무줄 통로 입구를 제외한 나머지 허리둘레를 상침한다

❸입구를 통해 고무줄을 끼워 넣은 후, 고무줄 양 끝을 1.5cm겹쳐 고정 봉합한다

0.2

❹고무줄 통로 입구를 상침한다

 **웨이스트 개더 원피스 小**
사이즈 1 · 2

 **웨이스트 개더 원피스 大**
원사이즈

사진 → p.16
허리라인이 돋보이는 여성스러운 원피스입니다. 소매를 접어 올리고, 니트 모자와 함께 매치하여 캐주얼한 스타일로 연출해도 좋습니다.

실물크기 패턴 1면(앞) f앞몸판, f뒷몸판, f앞·뒤스커트, f안단, f허리밴드

실물크기 패턴 2면(앞) f주머니

재료 겉감 = 110cm폭×290cm(사이즈 1)
110cm폭×320cm(사이즈 2)

(사이즈 1·2동일)
소잉테이프 심지 = 1.2cm폭×60cm
콘실지퍼 = 56cm길이 1개

원단 고르는 포인트
체크무늬의 면 새틴을 사용했습니다.

제작 순서(③~⑪→그림 참고)
① 스커트 밑단은 0.5cm / 0.5cm, 소매 밑단은 1cm로 한 번, 접음선(소매 밑단선) 표시에 맞춰 한 번 더 접어 다린다.
② 몸판의 어깨를 봉합하고, 시접을 가름솔한다.(p.38 ③ 참고)
③ 몸판에 안단을 단다.
④ 몸판의 옆선을 봉합하고, 시접을 가름솔한다.
⑤ 소매 밑단을 두 번 접어 상침한다.
⑥ 몸판에 허리밴드를 봉합한다.
⑦ 스커트의 옆선을 봉합하고, 주머니를 만든다.(p.39~40 ⑤(Ⓐ의 경우) 참고)
⑧ 스커트 밑단을 두 번 접어 상침한다.
⑨ 스커트와 허리밴드를 봉합한다.
⑩ 몸판에 지퍼를 단다.(p.66, 67 ⑦ 참고)
⑪ 허리밴드와 안단을 정리한다.

만드는 방법 포인트
콘실지퍼를 달 때, [콘실지퍼 노루발]을 사용합니다.

사진 → p.17
로우 웨이스트로 여유있는 실루엣의 원피스입니다. 걸을때마다 살랑거리는 스커트 자락은 여성스러운 분위기를 더해줍니다.

실물크기 패턴 1면(앞) F앞·옆·뒤스커트, F주머니
실물크기 패턴 2면(뒤) F앞몸판, F뒷몸판, F허리밴드

※ 목둘레용 바이어스천은 재단 배치도에 기재된 치수로 직접 제도하여 사용합니다.

재료 겉감 = 110cm폭×460cm
소잉테이프 심지 = 1.2cm폭×30cm
고무줄 = 3cm폭×75~80cm

원단 고르는 포인트
체크무늬의 면 새틴을 사용했습니다. 얇은 실크 등 고급스러운 무지 원단으로 만들어도 좋습니다. 허리 부분이 너무 풍성해지지 않도록 얇은 원단으로 고르는 것을 추천합니다.

제작 순서(⑥→그림 참고)
①은 f와 동일.
② 목둘레를 바이어스 처리한다.(p.42 ② · ③ 참고)
③ 몸판의 어깨를 봉합하고, 시접을 가름솔한다.(p.42 ④ 참고)
④~⑨는 f와 동일.
※ ⑦ · ⑧ · ⑨과정에서, 스커트는 지퍼 트임없이 옆선을 맞춰 봉합한다.(p.77 F의 스커트 연결하는 방법 참고)
⑩ 안쪽의 허리밴드를 숨겨박기하여 고정한다. (p.79 ⑩ · ⑪ 참고)
숨겨박기하여 고정할 때, 고무줄 통로 입구를 4cm정도 남기고 고무줄을 끼워 넣은 후, 통로 입구를 고정 봉합한다. (p.75 ⑤ 참고)

만드는 방법 포인트
허리밴드에 넣는 고무줄은 허리둘레에 맞춰 길이를 조절합니다.

완성 사이즈 · 제작 순서
※( )안의 숫자는 사이즈입니다.

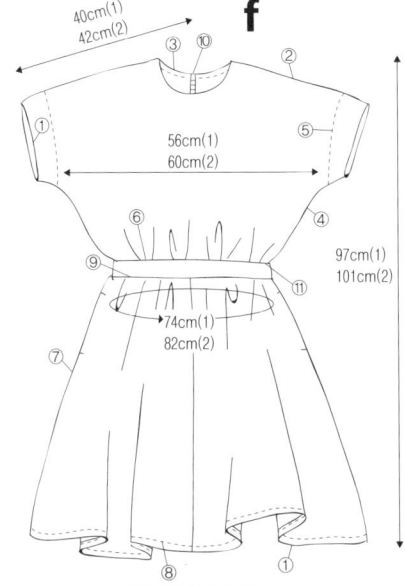

40cm(1)
42cm(2)
56cm(1)
60cm(2)
97cm(1)
101cm(2)
→74cm(1)
82cm(2)

※뒷중심에 지퍼를 단다

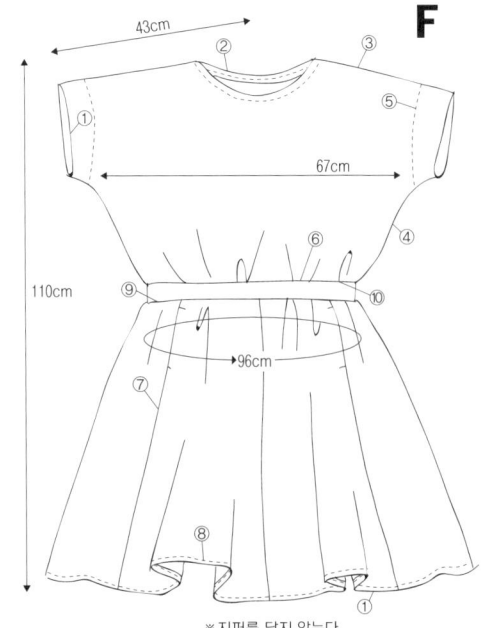

43cm
67cm
110cm
→96cm

※지퍼를 달지 않는다

76

재단 배치도

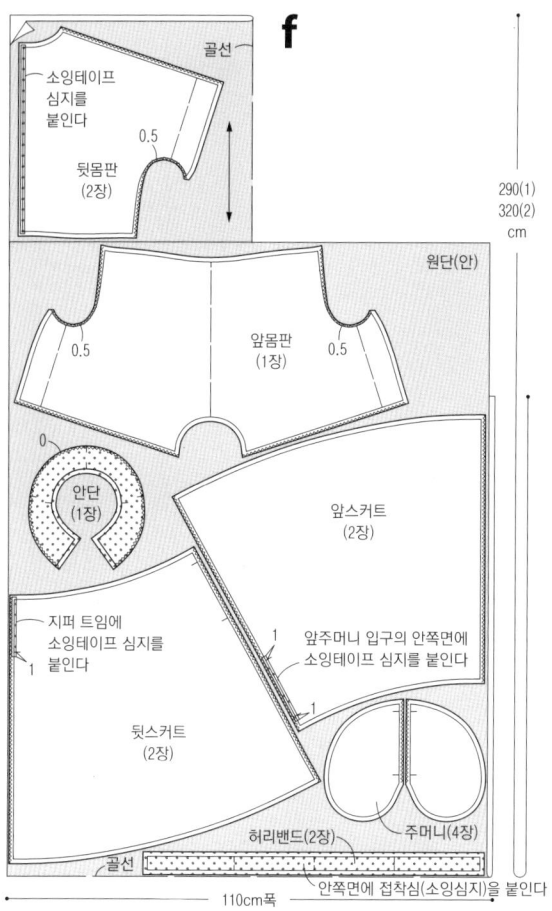

f

골선

소잉테이프 심지를 붙인다

0.5

뒷몸판 (2장)

290(1)
320(2)
cm

원단(안)

0.5

앞몸판 (1장)

0.5

안단 (1장)

앞스커트 (2장)

0

지퍼 트임에 소잉테이프 심지를 붙인다
1

앞주머니 입구의 안쪽면에 소잉테이프 심지를 붙인다
1

뒷스커트 (2장)

1

골선

허리밴드(2장)

주머니(4장)

안쪽면에 접착심(소잉심지)을 붙인다

── 110cm폭 ──

* 지정 이외의 시접 1cm.
* ⬚⬚⬚⬚ 는 안쪽면에 접착심(소잉심지), 소잉테이프 심지를 붙인다.
* ∿∿∿∿ 는 맞춰 봉합하기 전에 지그재그봉제 또는 오버록 처리한다.

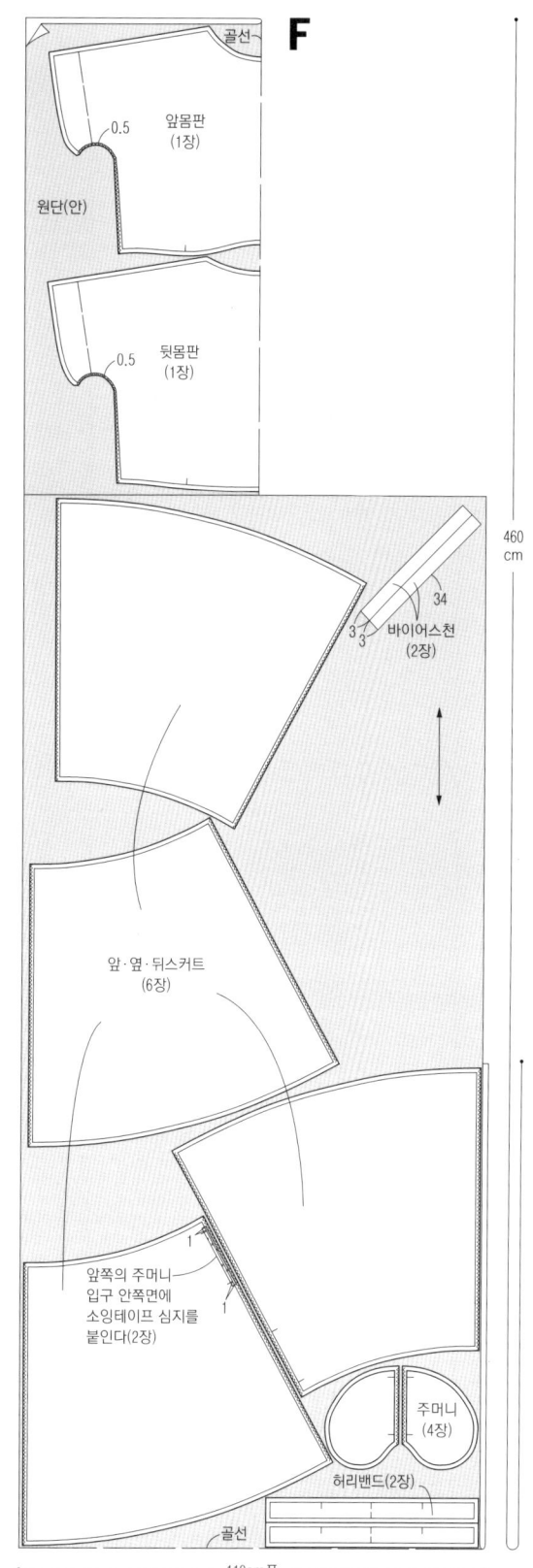

F

골선

0.5

앞몸판 (1장)

원단(안)

0.5

뒷몸판 (1장)

460
cm

34

3 3 바이어스천 (2장)

앞·옆·뒤스커트 (6장)

1

앞쪽의 주머니 입구 안쪽면에 소잉테이프 심지를 붙인다(2장)
1

주머니 (4장)

허리밴드(2장)

골선

── 110cm폭 ──

F의 스커트 연결하는 방법

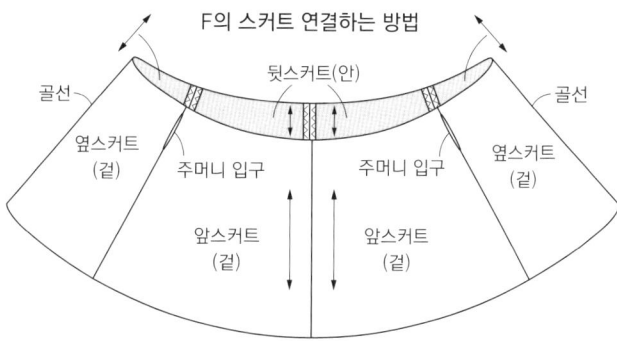

골선

뒷스커트(안)

골선

옆스커트 (겉)

주머니 입구

주머니 입구

옆스커트 (겉)

앞스커트 (겉)

앞스커트 (겉)

77

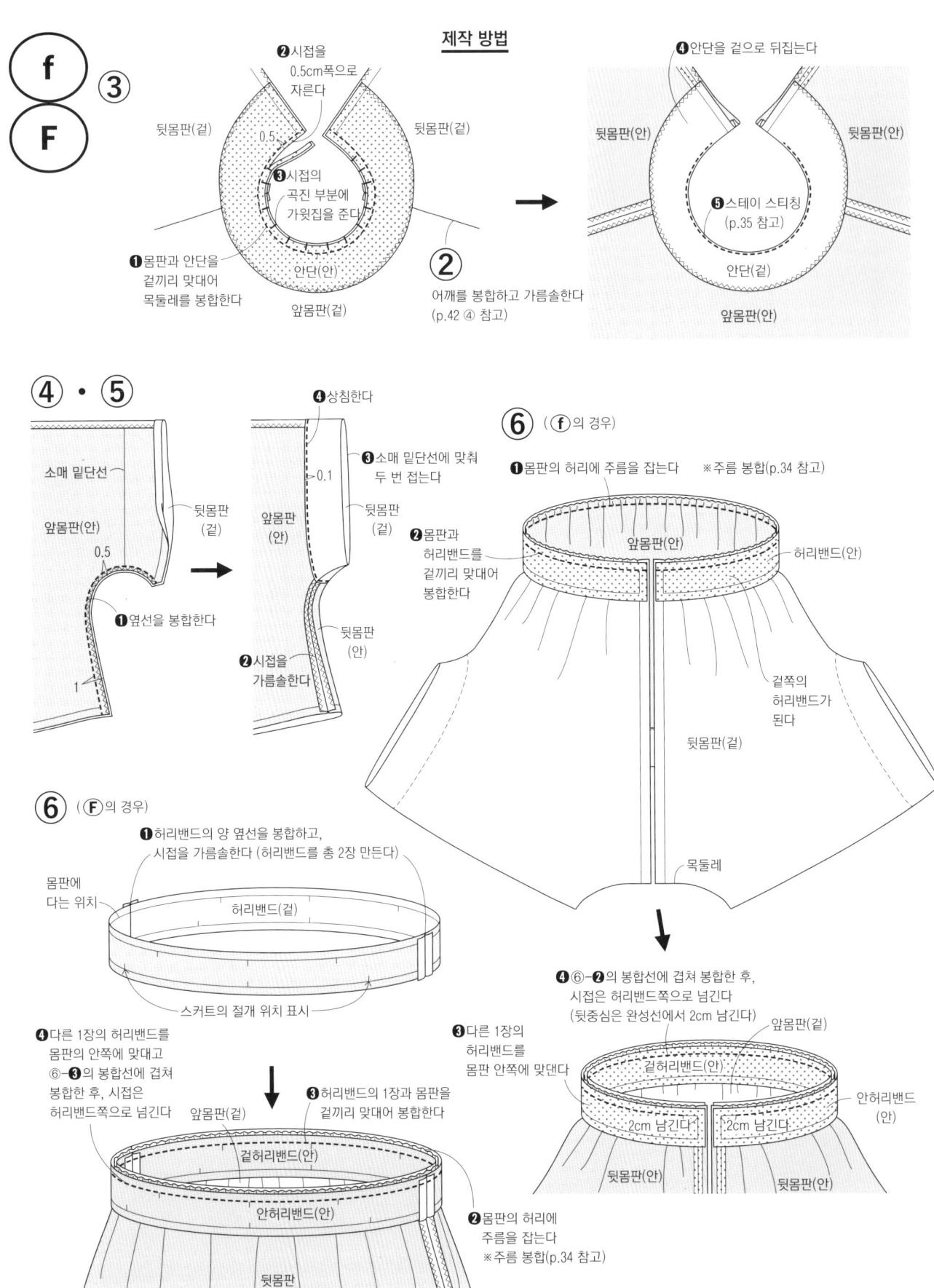

제작 방법

f
F
③

②시접을
0.5cm폭으로
자른다

뒷몸판(겉)   0.5   뒷몸판(겉)

❸시접의
곡진 부분에
가윗집을 준다

❶몸판과 안단을
겉끼리 맞대어
목둘레를 봉합한다

안단(안)

앞몸판(겉)

②
어깨를 봉합하고 가름솔한다
(p.42 ④ 참고)

❹안단을 겉으로 뒤집는다

뒷몸판(안)   뒷몸판(안)

❺스테이 스티칭
(p.35 참고)

안단(겉)

앞몸판(안)

④ · ⑤

❹상침한다

소매 밑단선

앞몸판(안)   뒷몸판(겉)

0.5

❶옆선을 봉합한다

1

❸소매 밑단선에 맞춰
두 번 접는다

0.1

앞몸판(안)   뒷몸판(겉)

뒷몸판(안)

❷시접을
가름솔한다

⑥ (f의 경우)

❶몸판의 허리에 주름을 잡는다   ※주름 봉합(p.34 참고)

❷몸판과
허리밴드를
겉끼리 맞대어
봉합한다

앞몸판(안)   허리밴드(안)

겉쪽의
허리밴드가
된다

뒷몸판(겉)

목둘레

⑥ (F의 경우)

❶허리밴드의 양 옆선을 봉합하고,
시접을 가름솔한다 (허리밴드를 총 2장 만든다)

몸판에
다는 위치

허리밴드(겉)

스커트의 절개 위치 표시

❹다른 1장의 허리밴드를
몸판의 안쪽에 맞대고
⑥-❸의 봉합선에 겹쳐
봉합한 후, 시접은
허리밴드쪽으로 넘긴다

앞몸판(겉)

❸허리밴드의 1장과 몸판을
겉끼리 맞대어 봉합한다

겉허리밴드(안)

안허리밴드(안)

뒷몸판(안)

❷몸판의 허리에
주름을 잡는다
※주름 봉합(p.34 참고)

❸다른 1장의
허리밴드를
몸판 안쪽에 맞댄다

❹⑥-❷의 봉합선에 겹쳐 봉합한 후,
시접은 허리밴드쪽으로 넘긴다
(뒷중심은 완성선에서 2cm 남긴다)

앞몸판(겉)

겉허리밴드(안)

안허리밴드
(안)

2cm 남긴다   2cm 남긴다

뒷몸판(안)   뒷몸판(안)

78

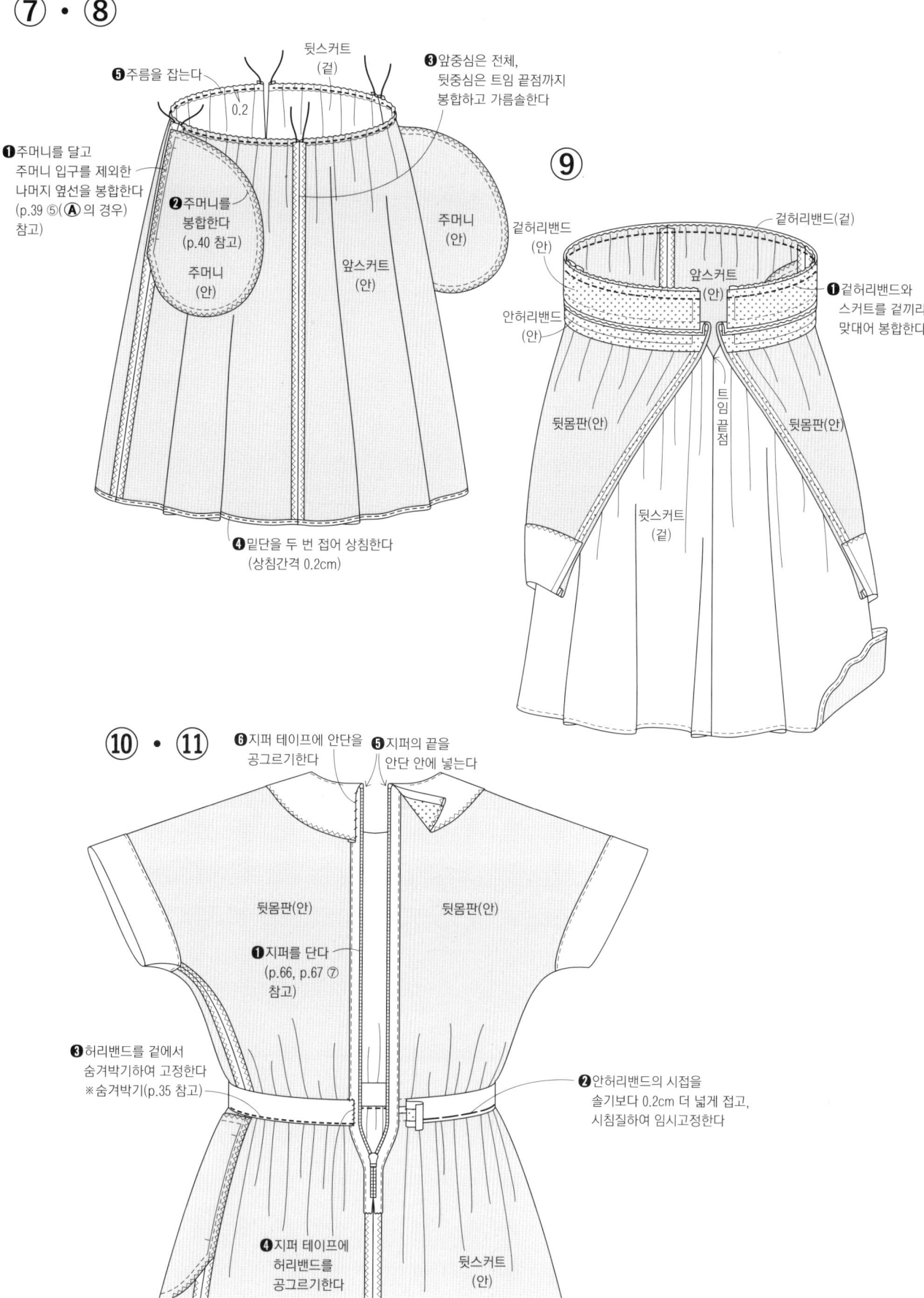

⑦ · ⑧

❺주름을 잡는다

뒷스커트
(겉)

❸앞중심은 전체,
뒷중심은 트임 끝점까지
봉합하고 가름솔한다

0.2

❶주머니를 달고
주머니 입구를 제외한
나머지 옆선을 봉합한다
(p.39 ⑤(Ⓐ의 경우)
참고)

❷주머니를
봉합한다
(p.40 참고)

주머니
(안)

주머니
(안)

앞스커트
(안)

주머니
(안)

❹밑단을 두 번 접어 상침한다
(상침간격 0.2cm)

⑨

겉허리밴드(안)

겉허리밴드(겉)

앞스커트
(안)

❶겉허리밴드와
스커트를 겉끼리
맞대어 봉합한다

안허리밴드
(안)

뒷몸판(안)

트
임
끝
점

뒷몸판(안)

뒷스커트
(겉)

⑩ · ⑪

❻지퍼 테이프에 안단을
공그르기한다

❺지퍼의 끝을
안단 안에 넣는다

뒷몸판(안)

뒷몸판(안)

❶지퍼를 단다
(p.66, p.67 ⑦
참고)

❸허리밴드를 겉에서
숨겨박기하여 고정한다
※숨겨박기(p.35 참고)

❷안허리밴드의 시접을
솔기보다 0.2cm 더 넓게 접고,
시침질하여 임시고정한다

❹지퍼 테이프에
허리밴드를
공그르기한다

뒷스커트
(안)

濱田明日香
ASUKA HAMADA

하마다 아스카

THERIACA(테리아카)의 디자이너.
일본과 캐나다에서 텍스타일 디자인을 공부하고, 패션 디자이너
로서 어패럴 기획에 수 년간 종사했다. 그 후, 영국으로 건너가
패션과 패턴에 대해 연구하면서 자유로운 발상의 옷을 계속 만들
고 있다. 현재는 베를린에서 자신의 프로젝트를 진행하면서 옷
만들기의 즐거움을 널리 알리기 위해 손수 책도 집필하고 있다.
www.theriaca.org

오버핏과 슬림핏의 여성복 만들기 24

초판 1쇄 발행   2017년 09월 08일
초판 2쇄 발행   2019년 08월 26일

발행인   정용효
기획   이슬희, 현보경, 정다은
감수   브라이언
번역   손수현
편집   최지선
인쇄   웰컴P&P

신고번호   제2016-000002호
신고일자   2016년 01월 26일
발행처   (주)핸디스 소잉스토리
        광주광역시 북구 서암대로 133 (신안동), 3층

대표전화   062_513_8957
팩스   062_522_8827
문의전화   070_8893_9218
홈페이지   www.sewingstory.com

Printed in Korea
ISBN   979-11-88062-08-9 13590
판매가   15,000원

※ 잘못 인쇄된 책은 구입처에서 교환해 드립니다.
※ 소잉스토리는 소잉 D.I.Y 취미실용서를 출간합니다.

이 도서의 국립중앙도서관 출판예정도서목록(CIP)은 서지정보유통지원시
스템 홈페이지(http://seoji.nl.go.kr)와 국가자료공동목록시스템(http://www.
nl.go.kr/kolisnet)에서 이용하실 수 있습니다.
(CIP제어번호:CIP2017021888)

STAFF

발행인 = 大沼 淳
AD & 북 디자인 = シンプル組合
촬영 = 脇田ジョージ
스타일링 = 濱田明日香
헤어 & 메이크업 = 坂入小百合
모델 = HOLLY BECKER
소품 = STAUB SHOP
디지털 추적 = 文化フォトタイプ
CAD 그레이딩 = 上野和博
패턴 추적 = アズワン (白井史子)
검토 = 向井雅子
만드는 방법 설명 = 鈴木光子
편집 = 田中 薫(文化出版局)

OOKINA FUKU WO KIRU, CHIISANA FUKU WO KIRU. By Asuka Hamada
Copyright © 2016 Asuka Hamada
All rights reserved.
Original Japanese edition published by EDUCATIONAL FOUNDATION
BUNKA GAKUEN BUNKA PUBLISHING BUREAU.

This Korean language edition is published by arrangement with
EDUCATIONAL FOUNDATION BUNKA GAKUEN BUNKA PUBLISHING
BUREAU, Tokyo in care of Tuttle-Mori Agency, Inc., Tokyo through
Botong Agency, Seoul

머 신 소 잉 의 기 초 와 실 전

머신 소잉의
기초와 실전

미싱에 대하여
원단에 대하여

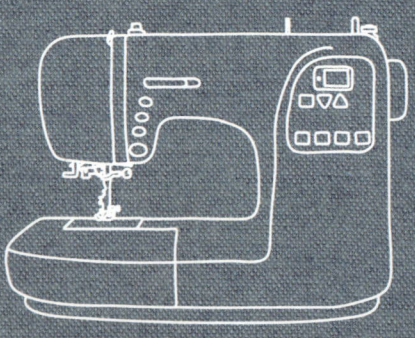

핸디스

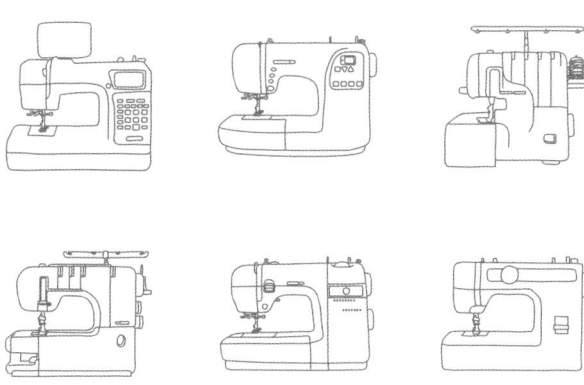

| 머 신 소 잉 의 기 초 와 실 전 |

contents

미싱의 종류

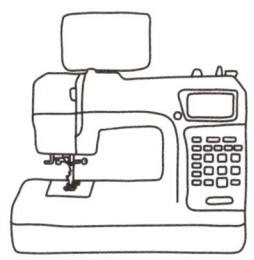

가정용 컴퓨터 미싱

미싱 본체 내부에 컴퓨터 시스템이 장착되어 있어 패턴을 선택하면 봉합 땀 길이와 땀 폭이 패턴에 맞게 자동으로 설정됩니다. 패턴의 조합 및 편집 기능이 있어 다양한 패턴을 취향에 맞게 조합하거나 저장할 수 있습니다. 또한 나만의 세팅 기능이 있어 복잡한 문자나 패턴 등의 자수 작업 시 아주 유용하게 활용할 수 있습니다.

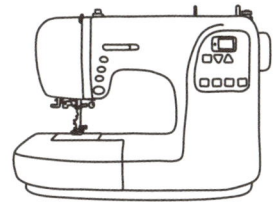

가정용 디지털 미싱

미싱의 메인 보드가 디지털화되어 있어 속도와 봉합 땀 길이는 물론 미세한 땀 폭까지 자유롭게 조절이 가능합니다. 또한 바늘 상하 위치 조절이나 자동 무늬 완성 버튼 등이 있어 보다 편리하고, 빠른 작업을 요하는 작품 제작에 탁월한 성능을 발휘합니다.

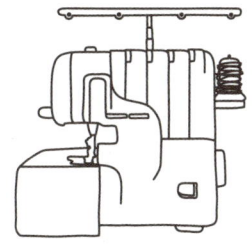

오버록 미싱

단 처리 전용 미싱으로 1~2개의 바늘에 2~4줄의 실을 사용합니다. 봉합과 동시에 여분의 시접을 자동으로 잘라내면서 오버록 봉합을 해주어 일반 가정용 미싱보다 깔끔하고 튼튼한 끝단 처리가 가능합니다.

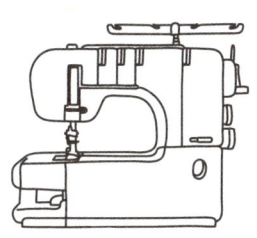

커버스티치 미싱

1~3가지 색상의 실을 활용하 면 티셔츠나 기타 의상, 소품 등에 장식효과를 주기 위하여 사용합니다. 커버스티치 전용 미싱으로 2~3색의 커버스티치 효과와 더불어 체인스티치 장식이 가능하며, 옵션 노루발을 함께 사용하면 작업시간을 현저하게 줄일 수 있습니다.

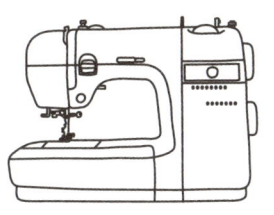

가정용 전자 미싱

전동 미싱에 비해 편리함과 내구성을 보완한 제품으로 초보자들을 위해 편리하게 설계되었습니다. 사용방법이 편리하여 누구나 쉽게 사용이 가능합니다. 봉합을 시작하고 정지할 때 발판과 버튼 모두 사용이 가능하여 기호에 맞게 선택하여 사용할 수 있습니다.

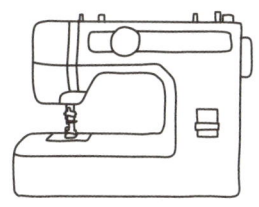

가정용 전동 미싱

미싱 본체에 내장되어 있는 모터가 바늘을 상하로 작동시키고, 모터의 속도는 전압에 의해 조절됩니다. 발판을 누르는 압력으로 속도를 조절하는 타입이 많습니다. 간단하고 쉬운 작업에 주로 사용되는 저가형 기본 미싱입니다.

미싱 각 부분의 명칭

※ [NCC매직]으로 설명하고 있습니다. 기종에 따라 부속품 및 명칭이 상이하므로 각 미싱의 사용 설명서를 참고하세요.

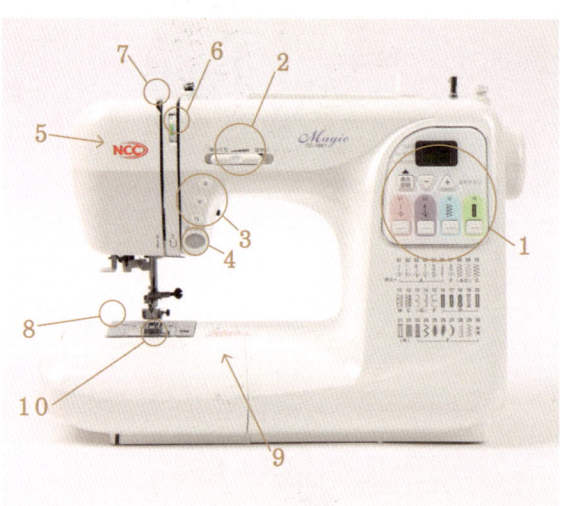

1 LED 버튼식 패턴무늬 선택

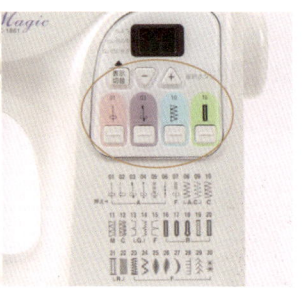

주로 많이 사용하는 스티치 버튼이 외부로 돌출
되어 있어 작업할 패턴을 쉽고 빠르게 선택할 수
있습니다.

2 슬라이드식 속도 조절 레버

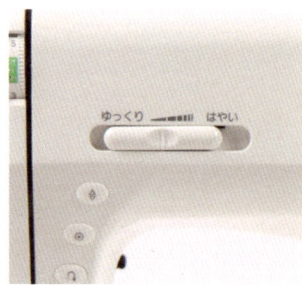

발판으로 할 수 없었던 세밀하고 정교한 작업 슬
라이드로 부드럽고 섬세하게 속도 조절을 할 수
있습니다.

3 ① 바늘 상하 위치 조절 버튼
    ② 자동 무늬 완성 버튼
    ③ 후진 봉합 버튼

①풀리를 돌리는 번거로움 없이 버튼만 누르면
  바늘이 원단에 고정되어 편리한 봉제가 가능합
  니다.
②버튼을 누르면 작업하던 패턴을 마지막까지
  자동으로 봉제합니다. 직선박기 봉제 시에는
  마무리 부분의 실을 묶어 실이 풀리지 않도록
  고정합니다.
③바느질의 시작과 끝은 되돌아박기로 튼튼하
  게!!

4 시작 / 정지버튼

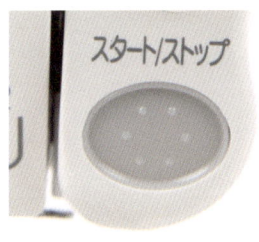

발판이 없어도 버튼을 눌러서 쉽고 편하게 바느질을 할 수 있습니다.

5 노루발 압력 조절 장치

노루발의 압력 조절이 가능하여 원단의 두께와 종류, 특성에 맞춰 봉제할 수 있습니다.

6 Auto 장력 조절 시스템

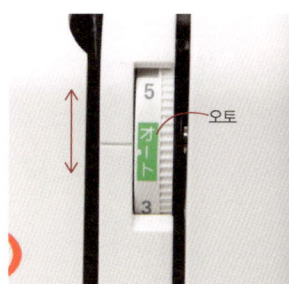

실의 장력이 자동으로 조절되는 자동 장력 조절 시스템. 수동으로도 장력 조절이 가능합니다.

7 실채기 안전장치

윗실이 쉽게 빠지지 않도록 실을 한번 더 잡아 고정해 줍니다. 특히 투명사나 장식사를 사용하는 작업에 유용합니다.

8 One Step 자동 단춧구멍

단춧구멍 노루발에 작업할 단추를 놓고 레버만 내리면 단추의 크기에 맞는 단춧구멍이 자동으로 완성됩니다.

9 패턴 무늬 미세조절 나사

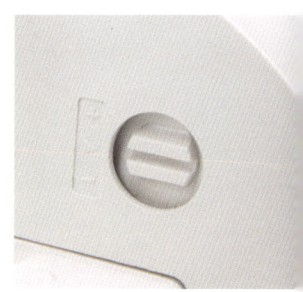

작업하던 무늬가 일그러지거나 울 경우 나사 조정하여 보다 정교하고 아름다운 패턴무늬 표현할 수 있습니다.

10 가마 소음 방진 패드

미싱에서 나는 소음을 최소화하기 위해 가마 소음 방진 패드를 넣었습니다. 미세한 소음까지 잡아줍니다.

장소와 공간에 제약을 받았던 옛날의 미싱

최근 사용되는 미싱들은 대부분 전기를 원동력으로 하여 작동하는 미싱입니다. 반면 과거에는 미싱의 본체가 책상에 고정되어 있어 발판을 앞뒤로 움직여 동력으로 작동하는 수동형 방식의 미싱이었습니다. 그만큼 장소와 공간의 제약을 받았을 뿐만 아니라 손과 발이 자유롭지 못한 어려움이 있었습니다. 그러나 전기를 사용하여 미싱을 작동시키기 시작하면서 전기식 발판으로 동작이 비교적 자유로워졌습니다. 최근에는 버튼 하나로 미싱의 작동이 가능한 타입으로 진화, 발전되고 있습니다.

1 바늘 조임 나사

바늘을 고정하거나 교체할 때 사용합니다.

2 실걸이 가이드

바늘에 실을 끼울 때 실이 움직이지 않도록 고정해 줍니다. 실걸이 가이드에 실을 통과시킨 다음 바늘에 끼웁니다.

3 자동 실 끼우기 장치

바늘에 실을 끼우는 번거롭고 어려운 작업을 손동작 몇 번으로 할 수 있도록 쉽고 빠르고 간편하게 도와줍니다.

4 노루발

원단을 작업이 가능한 상태로 미싱에 고정시켜주는 금속 기구로, 봉합 종류에 따라 전용 노루발을 사용합니다.

5 수평 가마

북알 장착이 수월한 수평형 가마로 밑실을 감아둔 북알을 장착합니다.

가마의 종류

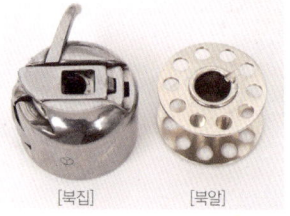

[북집]   [북알]

수평 가마

밑실의 설치가 간단하여 실 엉킴이 적은 수평 가마. 밑실의 양도 한눈에 확인할 수 있어 편리합니다. 최근의 가정용 미싱에는 수평 가마를 주로 사용합니다.

수직 가마

기존의 가마 형식으로, 밑실이 감긴 북알을 북집에 넣은 후 북집을 다시 가마에 넣는 구조입니다. 힘을 필요로 하는 공업용 미싱 등에 주로 사용되는 가마 형식입니다.

원단의 기본 명칭과 사이즈

기본적으로 직물은 동일한 길이로 정렬한 여러 가닥의 날실 사이에 한 가닥의 씨실을 좌우로 교차시켜 만들어집니다. 직물의 명칭이나 그 특징을 알아둡시다.

· 직물의 명칭(=원단, 천)

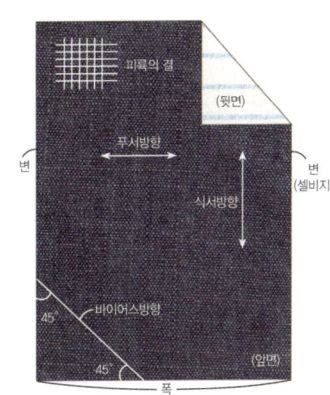

식서방향(경사방향)

직물의 날실방향을 식서방향이라고 합니다. 제도나 패턴에 표시되어 있는 화살표는 식서방향을 나타냅니다. 일반적으로 옷을 만들 때 식서방향을 중심으로 재단합니다.

푸서방향(위사방향)

씨실방향을 푸서방향이라고 칭합니다. 식서방향에 비해 늘어나는 성질을 가지고 있습니다. 푸서의 길이가 천의 폭이 됩니다.

바이어스

피륙의 결에 대해 45도 각도를 정바이어스라고 합니다. 천이 가장 잘 늘어나는 방향으로 바이어스테이프를 만들어 시접의 마무리 등에 사용합니다.

변(셀비지)

직물 폭의 양쪽 가장자리를 말하며, 천에 따라 부분의 짜임 밀도를 높게 하거나, 제조회사명 프린트하는 것도 있습니다.

폭

변에서 변까지의 폭(=푸서의 길이)으로, 사용하는 용도에 맞는 효율적인 길이의 폭으로 만들어집니다.

피륙의 결

천의 날실과 씨실의 짜임으로, 이것이 직각으로 잘 정돈되어 있다면 천의 뒤틀림이 줄어듭니다. 천의 흐름이라고도 합니다.

원단 선 세탁 방법

천은 가로와 세로의 결이 직각으로 교차하여 있는 것이 바른 상태이지만, 생산공정 등에 의해서 비틀어짐이 발생합니다. 또 천연섬유직물(코튼, 린넨 등)은 습기와 접촉하면 줄어드는 성질이 있습니다. 봉합 전에 이러한 비틀어짐이나 수축감을 바로 잡아두지 않으면 완성 후 세탁했을 때 사이즈가 작아지거나 모양이 변형되는 원인이 됩니다. 세탁하지 않는 소품류를 만들 때에는 그다지 신경 쓰지 않아도 되지만, 옷을 제작할 때에는 사전에 천을 바로 잡아둡시다.

천을 바로 잡는 방법

1. 천의 변(셀비지)을 잘라냅니다.

2. 바늘과 송곳 끝을 이용해서 씨실을 한 가닥만 뽑아 냅니다.

3. 실을 뽑아 빼낸 부분이 씨실 라인입니다.

4. 라인을 따라 여분의 천을 잘라냅니다.

5. 양손으로 천을 비스듬한 향으로 잡아 당겨, 천의 결 직각이 되도록 정리합니다. 비틀어짐이 심할 경우에 다림질로 정리해줍니다.

면직물 및 린넨직물 바로 잡는 방법

1. 물에 듬뿍 적셔 1시간 동안 담가둡니다.

2. 아주 가볍게 물기를 짜내고, 주름을 펴서 그늘에 말립니다.

3. 반드시 덜 마른 상태에서, 뒷면에서 천의 결에 따라 다림질(130~150℃)을 합니다.

천의 종류

특수 소재

[브로드 라미네이트]
면 혹은 마 등의 천 위에 비닐 코팅(라미네이트 가공)한 인테리어 패브릭. 사진은 코튼린넨 라미네이트 천.

[논슬립 발포]
면 혹은 마 등의 천 위에 미끄럼 방지를 위해 우레탄고무 등을 발포한 천. 사진은 코튼린넨 발포 천.

니트 소재

[쮸리]
겉쪽은 평짜임의 싱글. 안쪽은 파일형식의 뜨개지로 루프(표면에 보풀이 일어난 것 같은 것)가 보임.

[테리]
파일(표면에 보풀이 일어난 것 같은) 직물. 표면이 루프로 이루어진 직물 조직. 루프는 파일이라고도 하며 보통 **타월지**로 불림.

[양면다이마루]
양면 뜨개로 앞뒤가 같게 보인다. 부드럽고 두께가 있는 질감과 적당한 신축성이 특징. **특양면 스무스** 등으로 불림.

보통 소재

[와플]
표면에 와플모양의 블록을 이루는 직물. **벌집**(허니콤)이라고도 한다. 아동 의류 및 홈데코 등으로 널리 사용된다.

[더블거즈]
2중으로 겉쪽과 안쪽이 각각 다른 거즈 조직으로 짜여져 있는 가볍고 부드러운 직물. 세탁하면 더욱 부드러워진다.

[아사]
일본에서는 마 100%를 아사라 하지만, 한국에서는 60수 이상의 가는 면평직을 통상 아사라고 하거나 또는 보일이라고도 한다. 사진의 천은 60수.

[포플린]
면 직물로, 옷의 소재로 많이 사용되며 특히 30수 평직물류는 패치워크에 많이 사용된다. 사진의 천은 30수.

[옥스포드직]
면직물로, 구김이 적게 가고 형태 안정성이 좋아 캐주얼 의류의 소재 및 홈데코용으로 많이 사용된다. 사진의 천은 20수.

[캔버스직]
두꺼운 실로 조밀하게 짠 면 평직물로 유화를 그릴 때 많이 사용하여 캔버스라 통용된다. 튼튼하고 힘이 있어 캔버스와 덕을 범포(sail cloth)라 하며 덕보다는 얇다. 사진의 천은 10수.

[샴브레이]
날실과 씨실을 한 올씩 교차하여 멀티 효과를 나타낸 평직물. **해지**로 통용되며 얇은 천에서 두꺼운 천까지 다양하고 부드러워 의류사용과 홈데코용으로 널리 사용된다. 사진은 코튼린넨 혼방 천.

[린넨 linen]
아마 섬유를 원료로 한 마 재질의 천. 강한 내구성과 통기성을 가지고 있으며 표면이 평활하여 먼지가 섬유에 축적되지 않아 위생적이므로 여름 의류, 홈데코 및 의료용으로 널리 사용된다.

[햄프 hemp]
대마 섬유의 원료로 한 마 재질의 천. 섬유가 굵고 뻣뻣하며 강도가 커 침구류 및 홈데코 등으로 사용된다.

Part 2 　 머신소잉의 실전
- 미싱사용법

※ Magic CC-1861 (NCC미싱)으로 설명하고 있습니다. 기종에 따라 부속품 및 명칭이 상이하므로 각 미싱의 사용 설명서를 참고하세요.

1 미싱에 바늘 끼우기

1. 바늘의 평평한 면이 노루발 쪽으로 향하도록 합니다.

※ 기종에 따라서 평평한 면의 향하는 방향이 다를 수 있으므로 주의하세요.

2. 바늘의 둥근면이 작업자 쪽으로 향하도록 장착한 후 바늘이 더 이상 들어가지 않고 멈추는 위치까지 끼워 넣습니다.

3. 바늘 조임 나사를 시계 방향으로 돌려서 바늘을 단단히 고정합니다.

2 밑실 장착하기

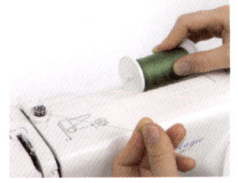

1. 실패 장착하기
   실패를 실패꽂이에 끼운 후 실패 크기에 맞는 실패막이를 사용하여 실패를 고정합니다.

2. 미싱에 표시된 실을 거는 순서대로 실을 걸어줍니다.

3. 실을 북알 구멍의 안쪽에서 바깥쪽으로 빼냅니다.

4. 북알을 자동 밑실 감기 장치에 습니다.

5. 자동 밑실 감기 장치를 오른쪽으로 밀어 줍니다. 손으로 실 끝을 잡고 시작/정지 버튼을 이용해 3회전 정도 실을 감은 후 멈추고 손으로 잡고 있던 실을 잘라줍니다.

6. 다시 시작 버튼을 눌러 80%정도만 감아줍니다. 북알에 실이 80%이상 감겼을 경우 북알에서 실이 엉키는 현상이 발생할 수 있습니다.

7. 북알의 실이 시계 반대방향으로 향하도록 북알을 가마에 넣습니다.

8. 실 끝을 좌측 홈(돌출부)에 끼웁니다.

9. 투명판 왼쪽으로 실을 여유있게 당겨 꺼내고 투명판을 닫습니다.

3 윗실 장착하기

1. 실패 장착하기
   실패를 실패꽂이에 끼운 후 실패
   크기에 맞는 실패막이를 사용하여
   실패를 고정합니다.

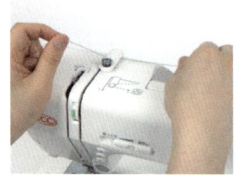

2. 미싱에 표시된 실을 거는 순서대
   로 실을 걸어 줍니다.

3. 실채기 레버에 오른쪽에서 왼쪽방
   향으로 실을 걸어 줍니다.

4. 실채기 레버에 실을 걸어 준 후 실
   을 아래쪽으로 내려 바늘에 있는
   실걸이 가이드에 실을 걸어 줍니
   다.

5. 노루발을 내린 다음, 바늘 상하 위
   치 조절 버튼 또는 풀리를 돌려
   바늘의 위치를 맞추고 자동 실 끼
   우기 레버를 내려 실을 겁니다.

6. 이때 바늘귀에 자동 실 끼우기 고
   리가 통과되었는지 확인한 후 실
   이 좌측 가이드 실걸이를 지나,
   우측 자동 실 끼우기 고리를 지나
   게 합니다.

7. 오른손으로 실 끝을 잡고 자동 실
   끼우기 레버를 서서히 놓아줍니
   다. 레버가 위쪽으로 올라가면서
   바늘 사이에 실을 끌어올립니다.
   이때 실 끝을 잡아뺍니다.

4 밑실 당겨 올리기

1. 노루발을 올린 후 미싱의 전원 스
   위치를 켭니다. 바늘을 통과한 윗
   실을 같이 왼손으로 잡아줍니다.

2. 오른손으로는 바늘 상하 위치 조
   절 버튼 또는 풀리를 천천히 몸쪽
   으로 돌려 바늘이 침판에 꽂히게
   합니다.

3. 다시 바늘 상하 위치 조절 버튼 또
   는 풀리를 몸쪽으로 돌리면 바늘
   이 올라 오면서 밑실이 같이 올라
   옵니다. 이 때, 윗실을 위로 당기면
   밑실의 실루프가 올라옵니다.

5 봉합 테스트

1. 실제 봉합할 원단과 동일한 원단
   으로 테스트 봉합을 합니다.

2. 앞면에서 윗실의 봉합 땀을 확인
   합니다.

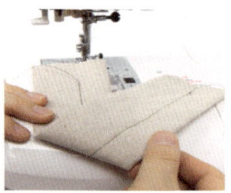

3. 뒷면에서 밑실의 봉합 땀을 확인
   합니다.

[봉합 땀폭 조절]

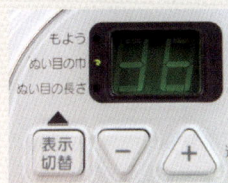

원단에 따라 봉합 땀의 크기는 달라지지만, 보통 두께 원단은 1cm에 4땀을 기준으로 조절합니다. 두꺼운 원단은 땀 폭을 크게, 얇은 원단은 작게 하는 것이 일반적입니다. 봉합 땀이 너무 작으면 원단이 줄어드는 경우가 발생하므로 테스트 봉합을 해보고 체크합니다.

[봉합 속도 조절]

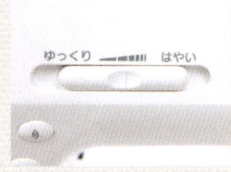

슬라이드식 속도 조절 레버를 좌우로 밀어가며 자신에게 맞는 작업속도를 설정합니다.

[앉는 위치를 바르게 하기]

미싱 작업을 하고 있을 때에는 시선이 곧게 앞을 향하는 것이 중요합니다. 바늘이 상하로 움직이는 부분에 항상 신체 중심을 맞춰 앉습니다.

[윗실 장력 조절]

미싱을 사용하는 봉합은 윗실과 밑실이 매듭이 지어지면서 봉합되므로 그 균형을 맞추는 것이 매우 중요합니다. 기종에 따라 다르지만 가정용 미싱에서는 윗실 장력 조절 다이얼로 균형을 조절합니다. 앞면과 뒷면 어느면에서 보아도 일정한 땀을 유지해야 정교한 봉합이 됩니다.

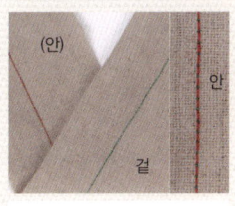

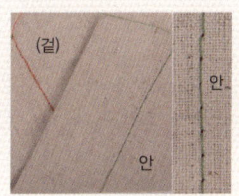

윗실 장력이 너무 강할 때
밑실이 떠있는 상태로, 앞면에서 보면 윗실(녹색)이 직선으로 보이며, 밑실(빨간색)이 점으로 보입니다.

윗실 장력이 너무 약할 때
윗실이 떠 있는 상태로, 뒷면에서 보면 밑실(빨간색)이 직선으로 보이며 윗실(녹색)이 점으로 보입니다.

올바른 실 장력
원단의 중앙에서 실이 얽혀 있어, 어느 쪽에서봐도 봉합 땀의 모양이 균일하게 보입니다.

Part 2 머신소잉의 실전
– 미싱사용법

직선봉합 원단의 방향, 바늘의 위치, 노루발이 정확하게 원단에 고정되었는지를 먼저 확인해 주세요

1 직선 봉합하기

직선봉합을 해보겠습니다.

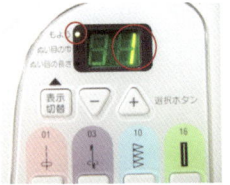

1. 직선 봉합 패턴을 선택합니다.

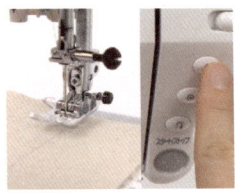

2. 바늘 상하 위치 조절 버튼 또는 풀리를 이용해 봉합 시작 위치에 바늘을 꽂습니다.

3. 노루발을 내립니다.

4. 시작/정지 버튼을 눌러 봉합을 시작합니다.

5. 양손으로 가볍게 원단을 잡고 봉합합니다.

6. 봉합 마무리 부분의 조금 앞쪽에서 멈추고, 천천히 봉합을 마무리 합니다.

7. 바늘 상하 위치 조절 버튼 또는 풀리를 앞으로 돌려 바늘을 위로 올립니다.

8. 노루발을 올립니다.

9. 원단을 뒤쪽으로 당겨 뺍니다.

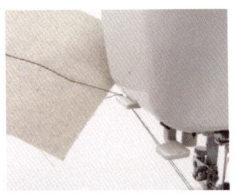

10. 사절장치로 실을 끊습니다.

완성이에요!

2 직선 봉합 상태에서 봉합 방향 바꾸기

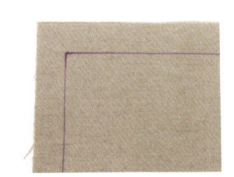

직선 봉합 상태에서 봉합 방향을 바꿔서 봉합해 보겠습니다.

1. 모서리 부분까지 봉합하고, 원단에 바늘이 꽂힌 상태로 잠시 멈춥니다.

2. 노루발을 올립니다.

3. 원단을 돌려 사진과 같이 봉합할 방향으로 변경합니다.

4, 노루발을 내려 다시 봉합합니다.

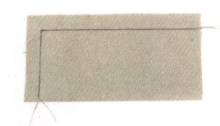

완성이에요!

3 직선 봉합으로 곡선 봉합하기

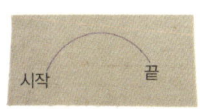

시작   끝

곡선을 봉합해 보겠습니다.

1. 바늘이 봉합선에 맞도록 조절하고, 바늘 상하 위치 조절 버튼이나 풀리를 사용해 원단에 바늘을 꽂습니다.

2. 노루발을 내린 다음, 왼손을 원단 뒤쪽으로 두고 원단을 돌려가며 천천히 봉합합니다.

3. 바늘이 원단에 꽂힌 상태에서 노루발을 올리고 봉합선이 정면으로 도록 원단을 돌립니다.

4. 2~3cm간격으로 여러 번 방향을 수정하면서 봉합합니다.

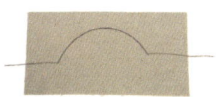

완성이에요!

4 프리암 봉합하기   ※프리암 봉합 기능은 의상의 소매단, 바지 밑단 등에 사용할 수 있어 아주 편리합니다.

1. 미싱에서 작업 테이블을 분리하여 주머니 작업을 위한 프리암 봉합을 준비합니다.

2. 그림과 같이 봉합 시작 부분의 가장 자리에 바늘을 꽂고 노루발을 내립니다.

3. 왼손으로 원단을 밀어주면서 봉합합니다.

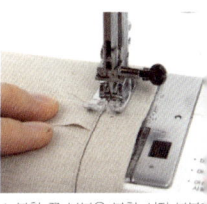

4. 봉합 끝 부분은 봉합 시작 부분과 조금 겹치게 하여 튼튼하게 봉합합니다.

되돌아박기-[후진 봉합 버튼 사용] ※ 봉합의 시작과 끝부분은 되돌아박기하여 마무리합니다

1. 봉합을 시작하는 시점에 바늘을 내려 원단에 바늘을 꽂습니다.

2. 4~5땀 봉합한 후. 후진 봉합 버튼을 누릅니다.

3. 봉합을 시작한 지점까지 후진 봉합을 한 후, 다시 직선 봉합을 진행합니다.

4. 끝점에 다다르면, 후진 봉합 버튼을 눌러 4~5땀 되돌아박기를 한 후, 다시 직선 봉합으로 봉합을 합니다.

되돌아박기-[후진 봉합 패턴 사용]

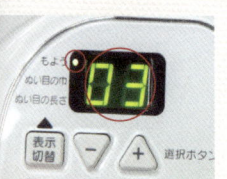

1. 패턴무늬에서 03 후진 봉합 패턴을 선택합니다.

2. 봉합을 시작하는 지점에 바늘을 내려 원단에 바늘을 꽂습니다.

3. 봉합을 시작하면 자동으로 후진 봉합 작업이 되면서 직선 봉합을 합니다.

4. 봉합을 끝낼 끝점에 다다르면, 후진 봉합 버튼을 눌러 자동보강 작업을 한 후 멈춥니다.

[직선 봉합을 활용한 수동 봉합]

1. 봉합 시작 지점에 바늘을 내립니다.

2. 4~5땀 봉합한 다음. 원단을 돌려 방향을 전환하여 봉합해 줍니다.

3. 다시 봉합 시작부분까지 되돌아 오면 다시 한 번 방향을 전환하여 봉합합니다.

4. 봉합 끝부분에 오면 1~3번과 같은 순서로 보강 봉합합니다.

매듭짓기

1. 원단의 뒷면에서 밑실을 당겨 윗실을 빼냅니다.

2. 뒷면에서 바늘로 윗실의 루프를 당겨, 실 끝이 나올 때까지 당깁니다.

3. 봉합 땀의 끝에서 2가닥을 함께 매듭짓습니다.

4. 실 끝을 짧게 자릅니다.

단춧구멍 만드는 방법

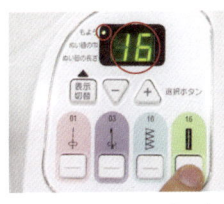

1. 패턴선택 다이얼을 **단춧구멍**에 놓고, 땀폭 다이얼을 0.5~1 사이에 맞춥니다.

2. 단추구멍 전용 노루발 위에 단추를 놓습니다.

3. 노루발을 미싱에 장착하고, 밑실을 노루발 아래로 둡니다.

4. 봉합 시작 부분의 중심에 바늘을 내리고 변환 레버를 내립니다. 실 끝은 엉키지 않도록 앞으로 빼 둡니다.

5. 시작 버튼을 눌러 봉합을 시작합니다. 봉합이 끝나면 자동으로 멈춥니다.

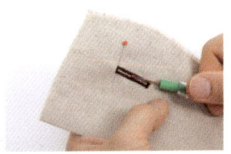

6. 단춧구멍의 안쪽에 시침핀을 꽂고, 실뜯개로 단춧구멍을 가릅니다.

단추 다는 방법

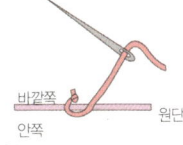

바깥쪽
안쪽   원단

1. 실 끝을 매듭짓고, 바깥쪽에서부터 천을 한 땀 뜹니다.

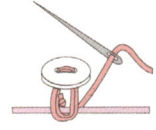

2. 바느질하면서 단추를 팽팽하게 잡아 당기지 말고, 위의 그림처럼 마무리 지을 부분에 여분을 조금 남기면서, 천과 단춧구멍에 2~3번 실을 통과시킵니다.

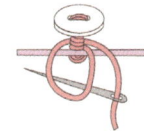

3. 위에서 아래로 여분을 남겨놓은 부분에 실을 감고, 마지막에 그림처럼 고리 안에 실을 통과시켜 단단하게 잡아 당깁니다.

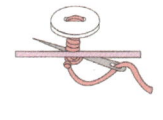

4. 바늘을 안쪽으로 빼내어 매듭고, 단단하게 고정시키기 위해 다시 한 번 바깥쪽으로 실을 내어 잘라줍니다.

단춧구멍의 위치

우선 위쪽과 밑쪽의 단춧구멍 위치를 정하고 나서, 사이에 균등한 간격으로 다는 것이 일반적입니다. 단춧구멍을 세로로 열 경우, 상하의 단춧구멍 위치에 주의합니다.(그림 참조)

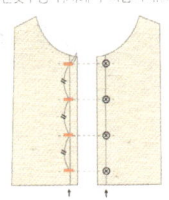

가로로 열 경우

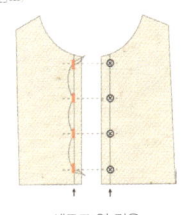

세로로 열 경우

단춧구멍의 치수

사용할 단추의 **직경+두께**에 의해 단춧구멍의 길이가 결정됩니다.

직경
두께

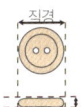
직경
두께

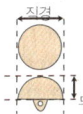
직경
두께

직경
+
두께

Sewing Harue
소잉 하루에

소잉스토리는 소잉 D.I.Y. 서적을 출간하는 소잉 전문 출판사입니다.
〈소잉 하루에〉 시리즈는 소잉스토리의 대표 개발서적 시리즈로,
각 서적에는 All Color 사진 설명서 / 일러스트 제작 설명서가 들어있어
초보자들도 쉽게 따라 만들 수 있습니다.
각 사이즈별로 그레이딩된 실물크기 패턴도 함께 들어있습니다.

[no.22] 미네와 함께 하는 '우리 가족 소잉 소품과 의상'

다양하고 실용적인 소품과 의상들을 소개합니다. 나를 위한 소잉 / 내 아이를 위한 소잉 / 배우자를 위한 소잉의 3가지 테마로 총 39가지의 아이템들이 수록되어 있으며, All Color 일러스트 제작 설명서와 전 작품 실물 크기 패턴, 그리고 소품 제작에 꼭 필요한 지퍼 팁 등 소잉에 필요한 다양한 팁을 소개하고 있어 초보자들도 쉽고 즐겁게 만들 수 있도록 도와줍니다. 우리 가족의 행복한 일상을 만들어 줄 다양한 아이템들을 만들어 보세요.

39작품 수록 / 184쪽
실물크기 패턴 2매(4면) 39종 수록 /
정가 17,000원

[no.21] 리넨으로 만드는 엄마와 딸의 커플룩 36

엄마와 딸이 함께 입을 수 있는 커플룩을 합니다. '데일리 룩', '피크닉 룩', '리빙 룩', '아이템' 4가지 테마의 작품 36종이 수록되어 있습니다. 소잉에 필요한 다양한 팁을 소개 All Color 일러스트 제작 설명서가 들어있고 즐겁게 작품을 만들 수 있도록 도와줘 나와 아이가 함께할 커플룩을 만들어 소중한 억을 남겨보세요.

36작품 수록 / 136쪽
실물크기 패턴 2매(4면) 34종 수록 /
정가 16,000원

[no.13 개정판] 오버록 미싱으로 만드는 핸드메이드 아이옷

오버록 미싱으로 간단하게 만드는 아이옷을 소개합니다. '일상복' / '외출복' / '홈웨어&언더웨어'의 3가지 테마로 총 24가지의 다양한 아이템이 수록되어 있으며, All Color 일러스트 제작 설명서와 전 작품 실물크기 패턴, 아이를 위한 귀여운 액세서리 만드는 법이 담긴 하루에 팁을 소개하고 있어 초보자들도 쉽고 즐겁게 만들 수 있도록 도와줍니다. 우리 아이의 귀여운 옷을 직접 만들어 주세요!

24작품 수록 / 106쪽
실물크기 패턴 2매(4면) 24종 수록 /
정가 15,000원

[no.20] Man & Kid Clothes 트렌디한 남성복 만들기

이지 캐주얼 스타일의 다양한 남성복을 소개니다. 티셔츠, 셔츠, 팬츠, 자켓, 소품 등 다 아이템들이 수록되어 있으며, 아이와 함께 수 있는 아이템도 수록되어 있습니다. 아이 필요한 다양한 팁을 소개하고 사진 제작 설와 All Color 일러스트 제작 설명서가 들어 쉽고 즐겁게 작품을 만들 수 있도록 도와다. 세상에 하나뿐인 옷을 만들어 소중한 에게 선물해 보세요.

29작품(아동 6작품) 수록 / 124쪽
실물크기 패턴 2매(4면) 29종(아동 6종) 수록
정가 15,000원

[no.19] 트렌디한 소잉 DIY 클러치와 가방만들기

트렌디하고 실용적인 클러치와 가방을 소개합니다. 심플한 디자인부터 독특하고 개성 있는 디자인까지 총 30작품의 다양한 아이템들이 수록되어 있으며, All Color 일러스트 제작 설명서와 가방을 더욱 튼튼하게 도와주는 심지의 종류 및 잠금 장식의 소개까지 소잉에 필요한 다양한 팁을 소개하고 있어 쉽고 즐겁게 만들 수 있도록 도와줍니다. 소잉 하루에와 함께 나를 더욱 빛내줄 트렌디한 클러치를 직접 만들어 보세요.

30작품 수록 / 144쪽
실물크기 패턴 2매(4면) 30종 수록 /
정가 15,000원

〈소잉 하루에〉 시리즈

Homepa

패션스타트, 심플소잉, 퀼트스타 및 온/오프라인 서점에서 더 많은 핸디스 소잉스토리의 서적을 만나보세요!

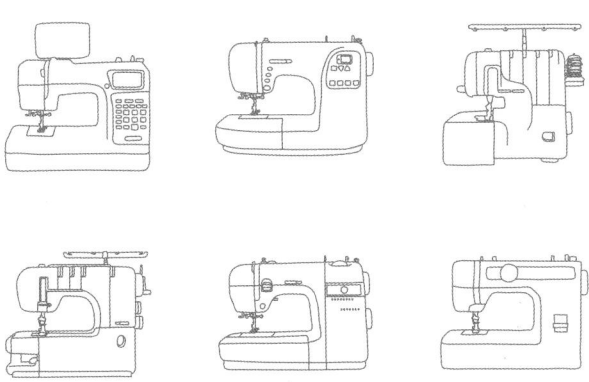

| 머 신 소 잉 의 기 초 와 실 전 |